Parole Bellissime

Un Librizionario di Marco Biondi

PAROLE
BELLISSIME

Autore - Marco Biondi

Titolo originale «Librizionario - Parole Bellissime»

Impaginazione - Giulia Licciardello

Proofreading - Giulia Licciardello

Copertina a cura di Marco Biondi

Prefazione a cura di Paolo Loreto

© Copyright 2018 - Marco Biondi

Tutte le definizioni appartengono a Treccani

Libro pubblicato a cura dell'autore, con amore

L'account Instagram del Librizionario.

PAROLE
BELLISSIME

Un librizionario scritto da Marco Biondi.

PREFAZIONE

"Nel principio era la parola."

Guardando oltre le sfumature religiose tutti potremmo imparare qualcosa da questo noto versetto della Bibbia. Il messaggio è chiaro e diretto: tutto inizia con una parola.

Le parole sono il creatore del nostro universo, delle nostre vite e della nostra realtà.

Senza parole un pensiero non potrà mai diventare realtà e questa è una lezione che l'umanità ha imparato nel corso della storia fin dalla Bibbia, appunto. Le nostre parole sono la vernice con cui dipingiamo la realtà che ci circonda.

In questa breve prefazione vorrei fare un excursus storico, linguistico e grammaticale della parola al fine di preparare tutti voi lettori alla scoperta delle parole bellissime presenti nel librizionario.

A differenza degli animali, l'uomo è in grado di inventare e di adoperare un numero quasi illimitato di combinazioni di suoni che assimila fin dall'infanzia. Quando siamo bambini infatti siamo in grado di riconoscere i suoni emessi dai genitori e imparare a poco a poco ad attribuire loro un significato ed a riprodurli. Chiamiamo parola questi suoni che l'uomo emette ponderatamente e linguaggio la somma dei suoni, e quindi delle parole, articolati normalmente dagli uomini.

La parola è senza dubbio il mezzo più diretto e versatile che abbiamo a disposizione per comunicare fra noi. Una volta imparato a parlare, infatti, possiamo trasmettere un qualsiasi messaggio ad un'altra persona. Una caratteristica notevole della parola è la varietà. Nel regno animale ogni creatura ha un ristretto repertorio di suoni particolari per ogni specie, mentre nell'uomo, benché l'intera razza umana consti di una sola specie l'Homo Sapiens, il repertorio sonoro è talmente enorme da aver dato origine a migliaia di lingue.

Analizzando nello specifico la parola, specialmente dal punto di vista morfologico, la possiamo definire come un segno linguistico dotato di significato. Nonostante esse siano alla base di qualsiasi frase primitiva, le parole non vengono considerate unità minime significative nella lingua italiana perché a loro volta possono essere scomposte in almeno due parti: un morfema lessicale, ovvero una radice, e un morfema grammaticale, ovvero una desinenza. In genere la radice esprime il significato base della parola e la desinenza ne indica le caratteristiche morfologiche come il genere, il numero, il modo, il tempo e la persona.

Quando si parla di grammatica e di linguistica, una delle parole che ricorrono con maggiore frequenza è etimologia. Capita spesso di sentir dire: "L'etimologia di quella tale parola è…" oppure "L'etimologia è una scienza, una parte della linguistica." Nella prima frase intendiamo parlare della storia di quella determinata parola quindi si analizza da quale lingua proviene, quale ne sia stata la radice e come si è evoluta fino alla sua forma attuale. Nel secondo caso, usiamo il termine etimologia nel significato di "scienza che studia la storia delle parole al fine di scoprirne l'origine". Studiando l'etimologia della stessa parola etimologia vedremo che deriva dal greco ἔτυμος che significa vero e quindi vuol dire ricerca del vero significato di una parola.

La culla delle parole può essere la più disparata. I nomi propri di persona in genere derivano da antiche parole della lingua greca o latina mentre i cognomi si sono modellati talvolta su parole che indicavano mestieri, professioni o luoghi di provenienza della famiglia.

Si stima che il lessico della lingua italiana sia composto da un numero di parole che varia da 60.000 a 120.000. Conoscerle tutte è praticamente impossibile, anche perché molte di esse sono termini specialistici che raramente useremo nella nostra vita. Le persone considerate colte conoscono all'incirca 15.000 parole anche se ne usano poco meno della metà nella propria quotidianità. Questo perché il lessico è composto dalle parole ad alta frequenza, quelle di uso quotidiano e comune, dalle parole a media frequenza, quelle meno comuni ma necessarie per leggere un articolo di giornale e quelle a bassa frequenza, ovvero quelle utilizzate in ambienti specialistici.

Come tutti sappiamo le parole sono contenute nei dizionari, veri e propri magazzini di parole che tutti noi possiamo consultare per approfondire l'origine, il significato ed il contesto di ogni termine. È chiaro che non può esistere un'edizione definitiva del vocabolario visto che la lingua si rinnova continuamente. Le parole cambiano di significato, emigrano da una lingua all'altra, nascono e cadono nel dimenticatoio. Certo è che le parole elencate nel dizionario sono molte più numerose di quelle che si trovano nell'archivio mentale di qualunque persona.

Questo almeno nelle tipologie di dizionario comuni che non hanno nulla a che vedere con la lettura che state per intraprendere.

Alla luce di queste considerazioni, auguro a Marco di poter annunciare presto l'edizione seconda del Librizionario e a voi di godere di questa meravigliosa lettura alla scoperta delle seguenti parole bellissime.

Paolo Loreto, dicembre 2019

INTRODUZIONE

Ti starai chiedendo perché sei qui.
Ti starai chiedendo se ritieni davvero questa una **non** perdita di tempo.
Ti starai chiedendo se sei davvero una persona normale.
Ti starai chiedendo cosa ne stai facendo della tua vita.
Ti starai chiedendo se i pinguini abbiano un verso.
O magari non ti stai chiedendo nulla e pensi solamente che ti stia facendo perdere del tempo.
Ritengo quest'ultima situazione la più probabile, e in questo caso hai anche ragione!

Non sono bravo con le introduzioni, ne sto facendo una (*"ah, è un'introduzione?"*) solo perché iniziare di punto in bianco sarebbe brutto, almeno così dicono.

Una delle domande principali (*sulla vita, l'universo e tutto quanto* cit.) che la gente, e quindi voi stessi, potrebbe chiedersi è *"Perché, Marco, perché?"* seguita da *"Cosa non va in te?"* e *"Ti sei fatto controllare?"* per concludere con *"Beh, dovresti"*.
Se avete avuto il piacere di conoscermi, sapete già le risposte, se no, vi invito a non essere curiosi.

Non mi ritengo una persona molto normale, anche se in realtà "essere normale" non è una cosa poi così tanto definita bene. Sin da quando ho iniziato questa lista di parole, qualche anno fa, con mio cugino, la gente pensava avessi qualcosa che non andava. Ogni qualvolta che qualcuno esclamava una parola con un suono piacevole, intervenivo sempre replicandola ad alta voce. Andava, e continua ad andare, circa così:

- Come scusa?
- Sciroppo! Hai detto sciroppo, no? È davvero una bella parola, non credi?
- Dovrebbe esserlo?
- Beh, sì, prova a dirla ad alta voce... Sciroppo! Ha un suono così piacevole!
- Ma che problemi hai?

E così via, parola dopo parola... A parte per qualcuno, in realtà parecchie persone, che, comprendendo il mio avere qualche rotella fuori posto, mi aiutavano (e continuano a farlo), comunicandomi parole appena sentite o pensate, parole a volte ricercate o, seppur comuni, con un suono parecchio gradevole.

Così, giorno dopo giorno ho continuato a portare avanti questa lista, arricchendola sempre più, con lo scopo di scrivere una sorta di testo, un po' libro e un po' dizionario... beh, un **librizionario**, direi.

Le reazioni? Sempre più belle:

"Marco Biondi che cazzo fai? Che cazzo stai facendo della tua vita?" - José

"Mi sto immaginando Biondi che nel frattempo che trascrive le parole si compiace delle parole scelte" - Simone

*"Ma Marco, p***a t***a, ma trova qualche cosa di meglio da fare, qualche hobby, piuttosto di scrivere s*******e su Word"*- José

"Hai problemi." - Laura

"E sei disagiato." - Sempre Laura

C'è da dire che queste frasi sono state accompagnate da tante altre reazioni positive, alcune formate da un cuore (*non per forza rosso, anche di altri colori*), altre da parole molto affettuose.

Tornando a noi, a questo punto penso che sia chiaro l'argomento di questa specie di elaborato:
Parole, un bel po' di parole semplici, strane, alcune mai sentite in vita mia, alla quale è associato un significato spero più esplicativo possibile.

Non sono uno scrittore, non lo sono stato e non lo sarò per certo.
Io e la scrittura abbiamo un rapporto freddo, distaccato, esanime. Abbiamo provato tempo fa ad andare d'accordo, a legare, pensavamo potesse funzionare, ma eravamo troppo ottimisti. Anche per questo motivo non reputo questo un libro, sia perché offenderei tutti gli autori, e sia perché lo considero soprattutto un testo buttato lì, formato

da tante parole, che dà vita a un qualcosa di parecchio ignorante, scritto e pensato da una persona ancor più ignorante.

Vorrei dedicare questo librizionario a tutte quelle persone con una passione per le parole -e in generale per le "cose"- un po' strane, con una forte curiosità per la lingua italiana, per il significato di tanti e tanti termini poco conosciuti, per il suono e per la semplicità di certe sillabe unite per formare meravigliosi vocaboli. Lo dedico soprattutto a tutte le persone che mi hanno aiutato e che, lo ripeto ancora una volta, continuano a farlo dedicandomi anche un secondo della loro giornata. A loro va anche un immenso **GRAZIE**.

*/PRE-DISCLAIMER:

Alcune parole hanno più di un significato (...tutte, o quasi). Mi son preso la libertà di metterne più di uno per alcune; per altre, mi dispiace, ne ho scelto solo uno. Non c'è un motivo in particolare. Mi piaceva così.

/*DISCLAIMER VERO E PROPRIO:

Ancora una cosa, sì, chiedo venia, vogliatemi bene. Vorrei dire che di seguito sono riportate solo parole realmente esistenti con significati correlati. Vorrei però fare un piccolo strappo alla regola e iniziare con una parola usata dal sottoscritto, precedentemente, per dare inizio alle danze.

LIBRIZIONARIO: termine usato dal non scrittore Marco Biondi per riferirsi alla sua specie di opera, che non è né libro né dizionario, nella quale elenca e dà un significato a parole singolari, alcune poco consciute, parecchio strane che, se dette ad alta voce, hanno un suono davvero piacevole.

Sì, ho finito adesso, potete star tranquilli (siamo sicuri?).

Mettetevi comodi, mi raccomando, perchè state per iniziare un viaggio pieno di stranezze, ridicolezze e anche un po' di cultura.

DON'T PANIC.

Capitolo 1 - Lettera A

Leggendo non cerchiamo idee nuove, ma pensieri già da noi pensati, che acquistano sulla pagina un suggello di conferma.

Cesare Pavese

Abaco: Tavoletta rettangolare usata dagli antichi per eseguire i calcoli;

Abecedàrio: Variante poco com. di abbecedario. Per dileggio, furono detti abecedarî, o abecedariani, gli anabattisti, come a dire che, in fatto di cultura, erano limitati all'abbiccì.

Aberrante: In biologia si dice di specie animali o vegetali che presentano caratteri diversi da quelli propri del gruppo cui sono state ascritte. In medicina di organi, tessuti o formazioni anatomiche situati in sede abnorme e in soprannumero rispetto all'organo principale.

Abietto: Spregevole, ignobile, vile.

Abigeato: Reato consistente nel furto di bestiame.

Abissale: Di abisso, di un abisso, e spec. degli abissi marini.

Abulia: Mancanza di volontà nel prendere una decisione o agire: può derivare da una patologia fisica o avere significato psichiatrico, come espressione di una difettiva strutturazione della personalità (schizofrenia, ecc.).

ACACIA: In botanica, genere di piante della famiglia delle leguminose mimosacee, che comprende circa 600 specie dei paesi caldi.

ACCLARARE: Mettere in chiaro, appurare.

ACCONDISCENDENTE: Che accondiscende, condiscendente.

ACLAMIDATO: In botanica, detto di fiori privi di perianzio.

ACQUOIONI: Ioni disciolti in soluzioni acquose.

ACRÌLICO: Di acido organico non saturo, liquido, ottenuto perossidazione di una sostanza ricavata dalla glicerina.

ACRIMÒNIA: Asprezza acida e astiosa, acredine.

ACUME: Acutezza, intensità. In senso intellettuale, perspicacia, acutezza di mente.

ADDIACCIO: Spazio cinto di rete nel quale il gregge è tenuto di notte allo scoperto.

ADULAZIÓNE: L'azione, il fatto (anche abituale) dell'adulare, e le parole con cui si adula.

AFTA: In medicina: lesione vescicolare, prob. dovuta a un virus, della mucosa orale (più raramente dei genitali), che rompendosi dà luogo a una piccola abrasione o ulcerazione di aspetto biancastro.

AGGUERRITO: Addestrato alla guerra, preparato alle fatiche della guerra.

AGORAFOBIA: Sintomo di nevrosi fobica caratterizzato dal timore ossessivo di attraversare piazze o luoghi ampi.

AIGRETTE: Ciuffo di penne che alcuni uccelli (particolarm. l'airone bianco e la garzetta) hanno sull'occipite all'epoca della riproduzione.

AIRÓNE: Nome di alcuni grossi uccelli acquatici della famiglia ardeidi, che si nutrono di pesci: hanno becco diritto, collo lungo, a forma di S, dito esterno e medio riuniti da membrana.

AIUÒLA: Striscia di terreno di limitata estensione e forma varia risultante dal tracciato dei viali di un giardino o delle sedi stradali circostanti, e destinata a coltivazioni ornamentali.

ALBINO: Termine, usato in origine per i neri bianchi dell'Africa occidentale, che in medicina si riferisce all'individuo affetto da albinismo.

ALEATÒRIO: Rischioso, incerto.

ALGIDO: letter. Freddo, gelato.

ALLITTERAZIÓNE: Ripetizione, spontanea o ricercata (per finalità stilistiche o come aiuto mnemonico), di un suono o di una serie di suoni, acusticamente uguali o simili, all'inizio (più raram. all'interno) di due o più vocaboli successivi.

ALMANACCARE: Fantasticare; stillarsi il cervello per trovare un espediente o per indovinare qualche cosa.

ALMANACCO: Termine con cui gli Arabi della Spagna designavano un tipo di tavole astronomiche speciali, dalle quali si poteva conoscere la posizione del Sole e della Luna in qualsiasi giorno dell'anno.

ALPACA: Mammifero ungulato della famiglia dei camelidi (Lama glama pacos), domestico, del Perù e della Bolivia. Il vello, fine, ma meno di quello della vigogna, serve per coperte, tappeti, pellicce, ecc.

ALTERIGIA: Ostentata presunzione di sé, superbia.

ALTISONANTE: Che risuona altamente, che altamente rimbomba; per lo più ironico.

ALVEARE: In genere, il nido naturale delle api, o anche la cassetta o altra struttura apprestata dall'uomo per il loro allevamento (detta più propriam. arnia), in quanto però sia provvista di favi e popolata dalle api.

ALVÈOLO: Piccola cella o concamerazione completamente chiusa o aperta da una parte.

AMENAIDE: Personaggio della tragedia "Tancredi", scritta da Voltaire (pseudonimo di François-Marie Arouet). Essa è la figlia di Agirio, e Tacredi ne è innamorato.

Amìgdala: In anatomia, denominazione comune a formazioni di diversa natura, che nell'aspetto esteriore ricordano una mandorla.

Ammaliare: Esercitare una malìa, affatturare, legare con arti magiche la volontà altrui. Quasi esclusivam. in senso fig., affascinare, sedurre.

Ammirazione: a. Atto dell'ammirare: stavo in a. di quel quadro. **b.** Sentimento di attrazione che si prova verso cose straordinariamente belle e pregevoli, o di stima, rispetto, simpatia per qualità singolari di una persona

Ammirévole: Da ammirarsi, degno di essere ammirato.

Ammortamento: 1. L'ammortare e l'ammortarsi, smorzamento, attenuazione. **2.** Nel linguaggio contabile e finanziario: estinzione mediante rimborso graduale di un debito o di un mutuo

Amputare: Asportare tagliando, specialmente mediante operazione chirurgica.

Anacàrdio: Albero dell'America tropicale (Anacardium occidentale), appartenente all'omonimo genere della famiglia anacardiacee: ha foglie intere, coriacee, fiori in pannocchie terminali, frutto (detto noce di acagiù) grosso come una castagna, reniforme, con guscio cartilagineo contenente una mandorla biancastra commestibile; il frutto è sostenuto da un peduncolo (detto pomo di acagiù), che diventa grosso come una pera, con polpa dolce-acidula, profumata, anch'essa commestibile.

ANACLETO: Puo' riferirsi a: Papa Anacleto, terzo Papa della Chiesa cattolica; Anacleto, personaggio del film di animazione Disney "La spada nella roccia"; Anacleto Mitraglia (o Faina), personaggio dei fumetti Disney; Tanya Anacleto, nuotatrice mozambicana.

ANACOLUTO: Costrutto sintattico consistente nel susseguirsi di due costruzioni diverse in uno stesso periodo, la prima delle quali resta incompiuta e sospesa, mentre la seconda non manca di alcun elemento essenziale e porta a compimento il pensiero.

ANDROIDE: A. In medicina, che presenta caratteri di tipo maschile. **B.** Automa (o anche, nella letteratura fantascientifica, essere extraterrestre) in forma approssimativamente d'uomo.

ANEMÌA: In medicina, condizione morbosa caratterizzata da alterazione (in genere diminuzione, ma in qualche caso anche aumento) del numero di globuli rossi (oligocitoemia) o di emoglobina (oligocromoemia) o di entrambi nel sangue.

ANEMONE: In botanica, genere delle Ranuncolacee a perianzio semplice, ma con un involucro di tre brattee sotto il fiore, simulante spesso un calice.

ANGHERìA: Variante di angaria, usata soprattutto in senso fig., atto di prepotenza, sopruso, vessazione.

ANISÒTROPIA: In fisica, proprietà per cui in una sostanza il valore d'una grandezza (velocità di accrescimento, indice di rifrazione, conducibilità elettrica e termica, ecc.) dipende dalla direzione che si considera.

ANNICHILIRE: Ridurre al nulla, annientare, distruggere. Usato spec. nel senso fig. di abbattere, confondere, umiliare profondamente, togliendo ogni volontà e capacità di reazione.

ANTANANARIVO: Città (2.610.000 ab. nel 2016), capitale del Madagascar, situata nella sezione centrale del paese e posta a 1381 m s.l.m. sull'altopiano dell'Imerina, in una zona dal clima mite e dalla morfologia accidentata.

ANTARTICO: Che appartiene o sta intorno al Polo Sud della Terra (detto anche polo antartico.

ANTECEDÈNTE: 1. Agg. Che precede. 2. s. m. Fatto o fenomeno che precede un altro o ne è causa diretta.

ANTICLERICALE: Che, o chi, è contrario al clero o si oppone alla sua azione e alla sua influenza.

ANTONOMÀSIA: Traslato che consiste nell'indicare una persona o una cosa, anziché col suo proprio nome, con uno più generico e comune, con una locuzione che ne indichi una qualità caratteristica, o con l'appellativo derivato dal luogo di nascita.

APOGEO: Il punto dell'eclittica, cioè dell'orbita apparente del Sole intorno alla Terra, in cui il Sole stesso si trova alla massima distanza da questa; in tale posizione il Sole viene a trovarsi verso il 1° luglio.

APOLOGÌA: Propr., il discorso in propria difesa che, secondo la procedura attica, l'accusato pronunciava personalmente.

APOPLETTICO: Nel linguaggio medico, relativo all'apoplessia, che è connesso con l'apoplessia: ictus, colpo, insulto a., l'improvvisa perdita di coscienza dovuta a emorragia cerebrale;

APOSTROFARE: Fare un'apostrofe, rivolgere un'apostrofe a qualcuno.

APOTEÒSI: Deificazione, elevazione di un mortale allo stato divino. In senso fig., celebrazione di una persona o di un fatto con lodi straordinarie, esaltazione, glorificazione.

APOTROPÀICO: Che serve ad allontanare o ad annullare un'influenza maligna: oggetti, atti, animali a.; formule apotropaiche.

AQUISGRANA: Aquisgrana (ted. Aachen, fr. Aix-la-Chapelle) Città (258.770 ab. nel 2006) della Germania (Renania Settentrionale-Vestfalia), situata al confine con il Belgio e i Paesi Bassi, a 174 m s.l.m. Si è sviluppata soprattutto come città commerciale.

ARCANO: Che non si conosce e non è possibile conoscere, occulto, misterioso.

ARCATA: In architettura, struttura ad arco o a volta cilindrica e lo spazio che essa determina; anche, organismo architettonico (portico, ponte, acquedotto, ecc.) formato dalla successione di più archi. **2.** In anatomia, denominazione di qualsiasi formazione anatomica disposta ad arco.

ARCHÈTIPO: Primo esemplare, modello: l'Iliade può essere considerata l'a. dei poemi epici o eroici.

ARCIGNO: Accigliato, duro, severo, detto del volto e della sua espressione.

ARCIPELAGO: Aggruppamento di isole sparse nel mare ma abbastanza vicine tra loro e a volte con caratteristiche morfologiche analoghe. In origine, e come denominazione storica, il termine indicò in partic. il mare fra la Grecia, l'Asia Minore e la costa traco-macedone.

ARCUGNANO: Comune della prov. di Vicenza (41,5 km2 con 7738 ab. nel 2007).

ARTEFATTO: Opera che deriva da un processo trasformativo intenzionale da parte dell'uomo. In biologia, si usa l'espressione a. di tecnica per indicare genericamente colorazioni o immagini osservabili al microscopio ottico o elettronico che non hanno un riscontro reale nelle strutture originarie del preparato e che sono il risultato delle manipolazioni alle quali è stato sottoposto il campione.

ARTEFICE: Chi esercita un'arte manuale che richieda esperienza e ingegno; anticam. anche artigiano, artista.

ARTERIA: Vaso sanguifero che trasporta in senso centrifugo il sangue proveniente dai ventricoli cardiaci: dal ventricolo destro le a. del piccolo circolo convogliano il sangue ai polmoni; dal ventricolo sinistro le a. della grande circolazione distribuiscono il sangue all'intero organismo.

ARZIGOGOLARE: Fantasticare, perdersi in elucubrazioni inutili.

ASINTÒTICO: Nel linguaggio scient., detto di ciò che tende ad avvicinarsi sempre più a qualche cosa senza mai raggiungerla o coincidere con essa.

ASSIÒMA: Nel linguaggio com., verità o principio che si ammette senza discussione, evidente di per sé. In filosofia, principio certo per immediata evidenza e costituente la base per l'ulteriore ricerca.

ASSOLUZIONE: Nell'uso della Chiesa cattolica, si dice a. sacramentale l'atto con cui il confessore, in nome di Gesù Cristo e della Chiesa, rimette al penitente i peccati da lui dichiarati.

Assonnato: Preso dal sonno, pieno di sonno.

Assorto: Immerso in qualche pensiero.

Asterismo: Fenomeno presentato da alcuni minerali usati come gemme e principalmente dagli zaffiri, consistente in una luminosità stellare a sei raggi che si può osservare nell'interno delle gemme stesse opportunamente tagliate, allorché vengono illuminate con una piccola sorgente luminosa.

Astratto: a. Di persona, che ha la mente rivolta altrove, profondamente assorta in qualche pensiero. **b.** Ottenuto per astrazione.

Astruso: Difficile a intendersi per troppa sottigliezza o astrattezza.

Atàvico: Che risale agli avi o da essi deriva: famiglia in cui la professione di venditori d'acqua è atavica.

Aterosclerosi: In medicina, processo degenerativo a carico delle arterie, caratterizzato da una lesione più o meno circoscritta, dovuta ad accumulo di colesterolo, altri lipidi e mucosidi, talvolta soggetta a erosione

Atipico: Che non è tipico, che non rientra nello schema generale o non appartiene a una serie di tipi.

Atollo: Scogliera d'origine madreporica a forma di anello irregolare che racchiude una laguna interna, comunicante col mare per uno o più canali, frequente nella zona tropico-equatoriale del Pacifico.

AUGE: 1. Apogeo, nel sign. astronomico. **2.** fig. Il punto più elevato, il grado massimo.

AUSTRALOPITÈCO: Primate fossile, appartenente alla famiglia degli ominidi, vissuto tra 4 (o forse 6) e 1 milione di anni fa in Africa australe (ma anche in quella nordorientale), caratterizzato da piccola statura e da capacità cranica ridotta.

AUTOMEDONTE: Cocchiere; autista.

AVVILUPPARE: Avvolgere formando un viluppo, aggrovigliare.

AZZANNARE: Afferrare, lacerare con le zanne o con i denti.

AZZARDO: In origine, gioco con i dadi fra un banchiere e vari giocatori, in cui, fissata la posta e stabiliti i punti assegnati o meno alle parti in gioco, il lancio dei dadi determinava vincite e perdite. Per estensione i giochi d'a., per es. roulette o baccarà, sono quelli nei quali ricorre il fine di lucro, vincita o perdita sono spesso aleatorie e l'abilità ricopre importanza trascurabile.

Fa più rumore un albero che cade di una foresta che cresce.

Lao Tzu

BABÓRDO: Lato sinistro della nave, guardando verso prora; la parola, diffusa attraverso traduzioni dal francese e accolta nei romanzi d'avventure, è ignota al linguaggio della marina italiana, che adopera invece sinistra.

BACCHIO: Bastone lungo e grosso per bacchiare.

BAGÓRDO: 1. Lancia usata in tornei. 2. Parata di cavalieri in onore di un personaggio o di una dama.

BALDANZOSO: Che ha o mostra baldanza;

BALDRACCA: dal nome di un'antica osteria fiorentina frequentata da prostitute, propr. variante di Baldacco (v. baldacco)], spreg. – Prostituta, puttana.

BALERA: Pista o sala da ballo popolare.

BAMBÙ: Nome comune di piante poacee legnose appartenenti alla tribù Bambusee (o, secondo alcuni, sottofamiglia Bambusoidee). Sono piante generalmente di grandi dimensioni, alte fino 40 m, con rizoma strisciante, ramificato, culmi aerei perenni con numerosi rami alterni, foglie a lamina di norma lanceolata, ristretta in breve picciolo, disarticolantisi alla fine della guaina.

BARBABIÈTOLA: Erba annua o bienne della famiglia chenopodiacee (Beta vulgaris), con fusto alto alcuni decimetri, foglie ovate, fiori piccoli, verdi, in glomeruli disposti in lunghe spighe, solitarie o in pannocchia; il frutto è un achenio globoso con un seme anch'esso globoso.

BARBAGIANNI: Uccello rapace notturno dell'ordine strigiformi, bianco con macchie brune. È comune in Italia, dove vive nelle città e nelle campagne; emette un grido singolare simile al russare dell'uomo dormiente.

BAROMETRO: Apparecchio per la misurazione della pressione atmosferica.

BASSOTTO: Razza di cani da caccia della categoria dei segugi, caratterizzata dall'avere arti sproporzionatamente corti, con varietà a zampe torte, semitorte o diritte, e pelo lungo o raso o ruvido.

BATRACOMIOMACHIA: Lotta delle rane e dei topi. È propriam. Titolo di un poemetto attribuito dagli antichi a Omero, che descrive scherzosamente, ma con stile e colorito epico, la battaglia delle rane e dei topi che sono alla fine sterminati dai granchi mandati da Zeus.

BATTÈLLO: Denominazione generica di piccole imbarcazioni con due, o al massimo quattro, remi per il servizio di bordo e di porto.

BATÙFFOLO: Piccolo e soffice ammasso di lana, cotone, bambagia o simile.

BENZODIAZEPINA: Composto organico caratterizzato da un anello benzenico unito a un anello eptagonale recante due atomi di azoto.

BETACAROTENE: Il beta-carotene è un pigmento arancione contenuto in molte varietà di frutta e verdura a cui conferisce un colore che varia dal giallo al rosso.

BIBLIOGRAFÌA: Disciplina che studia i varî sistemi di descrizione e classificazione di testi (a stampa o su altro supporto), allo scopo di fornire repertorî (v. il sign. Seguente) di opere di scrittori, scienziati, ecc.

BIGHELLONARE: Andare a zonzo senza meta, oziando; perdere il tempo invece di lavorare.

BILIRUBINA: In biochimica, principale pigmento della bile, a cui conferisce il caratteristico colore giallo-oro.

BIOLUMINESCENZA: missione di luce da parte di organismi viventi, animali e vegetali. È un fenomeno abbastanza comune che si osserva in varî batterî (perciò detti batterî fotogeni o fotobatterî), in alcuni funghi basidiomiceti, specialmente delle regioni tropicali, e in molte specie animali, probabilmente legato a una funzione di richiamo sessuale, o per attrarre la preda, o anche a scopo difensivo.

BIRRERIA: Locale pubblico destinato a mescita, al tavolo o al banco, di birra, spesso con servizio di ristorante, e in tal caso assume per lo più un aspetto e carattere tipico.

BISERIATO: Di organi disposti in due serie distinte, come le brattee involucrali di numerose Asteracee.

BISLACCO: Stravagante, strambo; riferito sia alla persona sia alle sue manifestazioni.

BIVACCO: Sosta all'aperto, di breve durata e per lo più notturna, di truppe in movimento, o di gruppi di persone in viaggio, durante una lunga marcia.

BLANDIRE: Lusingare, allettare con parole carezzevoli.

BOBINA: Complesso di spire di un filo, cucirino o no, avvolto ordinatamente sopra un supporto (costituito generalmente da un tubetto) in forme che variano, secondo gli scopi, da quella cilindrica a quella troncoconica semplice o doppia. Nell'industria tessile, sinon. Di spola, cioè il filato avvolto sul suo supporto.

BOCCACCESCO: Che si riferisce al Boccaccio, che imita il Boccaccio, nella forma o nel tono (soprattutto delle sue novelle): scrivere in stile b.; periodi boccacceschi.

BOFONCHIARE: Borbottare, brontolare mugolando o sbuffando.

BORNEOLO: Alcole terpenico, di odore simile a quello della canfora, che si estrae da un albero (Dryobalanops aromatica) dell'isola di Borneo, ed è detto perciò anche canfora di Borneo; è inoltre presente negli olî essenziali di lavanda e rosmarino, ed è pure prodotto per via sintetica; ha utilizzazioni varie in profumeria, in medicina e nell'industria della celluloide.

BOROTALCO: Nome commerciale depositato di una polvere bianca a base di talco e acido borico, usata per l'igiene della pelle.

BRABANTIO: Brabantio (chiamato anche Brabanzio) è un personaggio dell'Otello di Shakespeare. È un senatore veneziano, padre di Desdemona. Intrattiene Otello nella sua casa parecchie volte prima che l'opera inizi, dando quindi a Otello e Desdemona l'opportunità di innamorarsi.

BRACHIALE: Che riguarda o si riferisce al braccio, alle braccia.

BRANCA: 1. Unghia adunca e rapace, e in genere zampa di un animale armata di artigli come quella della tigre, del gatto, dell'aquila. **2.** Suddivisione, ripartizione, particolare settore (di scienze, letteratura, arte, ecc.).

BRÀTTEA: Foglia sottile di oro, argento, elettro, ottenuta a martello, per rivestimento di statue, oggetti, pareti, mobili, stoffe, pergamene, e per formare gioielli, spesso funerarî, diademi, corone, applicazioni, diffusi dall'arte cretese-micenea fino a quella romana e alto-medievale.

BRILLANTANTE: Nome commerciale di un liquido per lavastoviglie, coadiuvante del lavaggio, usato per conferire lucentezza alle stoviglie evitando il formarsi di macchie e opacità dovute alla presenza di Sali minerali nell'acqua.

BROBDINGNAGIANO: Parola proveniente da Brobdingnag, terra immaginaria presente nel romanzo I viaggi di Gulliver di Jonathan Swift. Il suo significato è: enorme, gigantesco, usato per definire sia persone che oggetti; l'aggettivo è stato usato in una puntata della sit-com The Big Bang Theory da Sheldon Cooper per descrivere le dimensioni della scrivania che Raj Koothrappali ha portato all'interno dell'ufficio che condividono.

BRODO: Alimento liquido che si ottiene facendo bollire nell'acqua carne o vegetali con l'aggiunta di sale, aromi e spezie. Mettendo la carne in acqua fredda e facendo aumentare gradualmente la temperatura di questa, passa nel b. il massimo di prodotti dializzabili;

Brossura: Tipo di legatura di un libro con l'aggiunta di una semplice copertina di carta o cartoncino.

Bucolico: Relativo alla bucolica; poesia bucolica, genere bucolico.

Budello: Tratto del tubo intestinale; al plur., l'intestino intero.

Brurattino: Fantoccio costituito da una testa, solitamente di legno, alla quale è congiunta una veste, completa in ogni particolare in alto, che termina nella forma di un sacchetto aperto in basso.

Capitolo 3 – Lettera C

Meglio tenere la bocca chiusa e lasciare che le persone pensino che sei uno sciocco piuttosto che aprirla e togliere ogni dubbio.

Mark Twain

Cabalétta: Breve aria d'opera, semplice ed orecchiabile, ritmicamente veloce e insistente, posta in genere a conclusione di un'aria o di un duetto, con tipico intendimento effettistico; è caratteristica soprattutto del melodramma italiano della prima metà del 19° secolo.

Cacciatorpediniere: Unità navale destinata in origine (1895-1900) alla lotta contro le piccole torpediniere, sviluppatasi poi come vera e propria silurante, e diventata infine una grossa cannoniera celere senza protezione, specialmente adatta alla scorta del naviglio maggiore, pur conservando la sua funzione di silurante.

Caimano: Genere di Coccodrilli che raggiunge la lunghezza di 4 m. Comprende due specie dei fiumi dell'America Centrale e Meridionale. Ha comportamenti e forma simili agli alligatori, ma si distingue dai coccodrilli propriamente detti e dagli alligatori per la dentatura e la forma del muso.

CALATIDE: Infiorescenza a capolino delle Composite, detta anche antodio, formata da molti fiori sessili; è circondata da brattee che costituiscono nel complesso l'involucro della calatide.

CALEIDOSCOPIO: Apparecchio ottico ideato da D. Brewster. È costituito da due specchi piani disposti ad angolo (22°30′, 30°, 60°), chiusi entro un cilindro e paralleli al suo asse. In una delle due basi del cilindro è un foro al quale si porta l'occhio dell'osservatore; l'altra base è costituita da due dischi di vetro tra i quali vengono messi pezzetti di vetro colorati o altri piccoli oggetti. Il gioco delle riflessioni multiple di questi contro i due specchi dà luogo a eleganti svariatissime forme geometriche, simmetriche, che la rotazione del tubo permette di variare a piacere.

CALENDULA: Genere di Asteracee con circa 20 specie, tutte originarie della regione mediterranea. Comprende erbe o suffrutici, con foglie alterne, capolini a fiori gialli, gli esterni ligulati pistilliferi, e gli interni tubulosi, staminiferi.

CANDELOTTO: 1. Candela corta e grossa. **2.** Tipo di pasta da minestra, affine ai cannelloni.

CAPOSTIPITE: 1. Colui da cui discende una famiglia. **2.** In chimica e in fisica, radionuclide da cui discende per successivi decadimenti una famiglia radioattiva

CAPZIÒSO: Che tende a trarre in inganno, fallace, insidioso.

CARABÀTTOLA: Oggetto di poco conto, masserizia di nessun pregio.

CARACALLA: Imperatore romano (Lione 186 – Carre 217), figlio di Settimio Severo e di Giulia Domna, fu associato nell'impero nel 198; sposò Plautilla, figlia del prefetto del pretorio Plauziano.

CARDO: Nome comune di varie piante con foglie e brattee spinose al margine o all'apice, appartenenti in maggioranza a generi diversi delle composite e a qualche genere delle ombrellifere e delle dipsacacee, che hanno spesso un appellativo diverso a seconda delle regioni.

CARITATÈVOLE: Che esercita per abito la carità; che procede da carità o la dimostra.

CAROTIDE: Nome delle due arterie che portano il sangue alla testa passando per il collo; ciascuna di esse ha origine come tronco unico (c. comune), la destra dall'arteria anonima e la sinistra dall'arco dell'aorta, dividendosi poi nel collo in due rami.

CARPA: Pesce teleosteo della famiglia ciprinidi (Cyprinus carpio), originario delle regioni dell'Europa centrale e dell'Asia orientale.

CASACCA: Specie di lunga giacca con o senza cintura, aperta ai lati, originaria della Russia. Più genericam., ampia giubba di panno grossolano.

CASSETTO: Cassetta a base quadrata o rettangolare, senza coperchio, che s'incastra in appositi vani di tavolini, armadî, cassettoni, scrivanie, ecc. per tenervi roba, e si apre tirandolo a sé.

CATACLISMA: Grave e improvvisa catastrofe dovuta a cause naturali come eruzioni vulcaniche, terremoti, diluvî e simili.

CATACOMBE: Cimiteri sotterranei, soprattutto cristiani, ma anche ebraici. La sepoltura sotterranea fu limitata ai luoghi in cui la natura del terreno lo permetteva e costituì soprattutto un mezzo di economizzare lo spazio, utilizzandolo anche in profondità.

CATADRIOTTO: Lente sferica biconvessa con una superficie interna argentata, che ha la proprietà di riflettere un fascio di raggi luminosi in direzione uguale a quella di arrivo, indipendentemente dall'angolo di incidenza.

CATAMARANO: Imbarcazione moderna per usi sportivi e da diporto, la cui struttura, derivata dal catamaran, consiste di due scafi a fondo piatto simmetrici e paralleli, solidamente collegati da un ponte sul quale sorge la sovrastruttura per gli organi di governo, ed eventualmente per gli alloggi, ecc.

CATARIFRANGENTE: Dispositivo ottico a luce riflessa, costituito da una placchetta di vetro o di plastica su cui si ricavano per stampaggio numerosi catadiottri identici.

CATARSI: Nell'antica Grecia, originariamente il rito magico della purificazione, inteso a mondare il corpo contaminato. Sotto l'influsso delfico e dell'orfismo, il concetto di c. assunse un significato più profondamente religioso. Il pitagorismo fece della c. il nucleo del suo ritualismo ascetico e la intese sia come purificazione del corpo sia come liberazione dell'anima dall'irrazionale.

CATARTICO: Relativo alla catarsi, sia in senso più strettamente religioso (riti c.), sia nel sign. letter. ed estetico.

CATASTROFE: Nome dato da alcuni scrittori antichi (e impropriamente attribuito ad Aristotele) alla soluzione, di solito luttuosa, del dramma.

CATATONÌA: In psichiatria, sindrome clinica, osservabile prevalentemente nella schizofrenia, caratterizzata da disturbi a tipo d'intoppo delle attività volitive, quali il negativismo, il mutacismo, l'automatismo a comando, le stereotipie, e inoltre dall'immobilità della mimica e dalla possibilità di permanere a lungo in atteggiamenti faticosi.

CATECOLAMINA: In chimica organica, nome di particolari amine d'importanza biologica (di cui la più importante è l'adrenalina), che si possono considerare come derivati del catecolo.

CAULE: Fusto delle piante non lignificate, che porta le foglie e stabilisce il collegamento tra queste e l'apparato radicale.

CAUCÀSICO: Del Caucaso, sistema montuoso dell'Eurasia che si eleva fra il Mar Nero e il Mar Caspio; della Caucasia, regione che si estende tra il Mar Nero e il Mar Caspio.

CAULINARE: in botanica, del caule, che riguarda il caule: foglie c. (o cauline), quelle distribuite lungo il caule, contrapposte a quelle che nascono presso la base di esso

CAVALLERÉSCO: Della cavalleria, che riguarda la cavalleria (come istituzione medievale): imprese c.; insegne c.; materia c., ecc. Codice c., nel medioevo, l'insieme delle norme di fedeltà, virtù, pietà, cortesia, lealtà, ecc., che costituivano l'ideale del perfetto cavaliere.

CAZZILLO: oggetto di piccole dimensioni, per lo più inutile.

CECITÀ: Assenza del potere visivo: definitiva o temporanea, assoluta o relativa a seconda che manchi, rispettivamente, ogni traccia di percezione visiva oppure soltanto uno degli elementi che compongono l'atto visivo.

CEDRATA: 1. Bibita dissetante di sciroppo di cedro allungato con acqua o selz. **2.** Nome d'un dolce siciliano fatto con bucce di cedro.

CEFALEA: Sensazione molesta o dolorosa, circoscritta o diffusa, continua, intermittente o sporadica che interessa il capo.

CENTAURO: Figura biforme della mitologia greca (il cui nome deriva dal capostipite Centauro, figlio di Issione), partecipe della natura del cavallo (le quattro zampe e la groppa) e dell'uomo (dal bacino in su), che, secondo la leggenda, viveva sui monti della Tessaglia.

CERBIATTO: Cervo giovane: trovò una cerbiatta che pasceva (Andrea da Barberino); fig., occhi di c., sguardo dolce, quasi implorante.

CERBOTTANA: Arma costituita da un lungo tubo di legno o di bambù, col quale si possono lanciare, soffiando, pallottole d'argilla o piccole frecce, usata come strumento di caccia dai popoli primitivi; anche, arnese simile di piccole dimensioni e di materiale vario, usato dai ragazzi per lanciare proiettili di carta.

CERCOPITÈCO: Genere (Cercopithecus) che comprende scimmie di media statura, corporatura snella e agile, folta pelliccia dal marrone al grigio, mano con 1° dito opposto, coda lunga, diffuso nelle foreste

tropicali, savane, steppe e deserti dell'Africa Sud-
sahariana.

CEREBELLO: Cervelletto. Con questo sign., non originario ma dovuto alla medicina moderna.

CERTOSINO: Monaco appartenente all'ordine fondato nel 1084 da s. Brunone, la cui regola prescrive una vita eremitica di preghiere e di lavoro. Anche come aggettivo.

CERULEO: Del colore del cielo sereno, azzurro chiaro.

CHELOIDE: In medicina, neoformazione connettivale della cute, che si presenta sotto forma di placche o cordoni circoscritti, duri, rilevati sul piano cutaneo, per lo più conseguente a fatti infiammatorî o cicatriziali.

CHEMIOLUMINESCENZA: Emissione di radiazione elettromagnetica, in particolare nel visibile e nel vicino infrarosso, che può accompagnare una reazione chimica.

CHIERICO: Nel linguaggio della Chiesa, persona cui è demandato l'ufficio di guidare spiritualmente i fedeli.

CHIMERA: Nella mitologia greca, mostro con testa e corpo di leone, una seconda testa di capra sulla schiena, e una coda di serpente fornita anch'essa di testa, raffigurata spesso nell'arte antica in atto di vomitare fuoco; era considerata come un'incarnazione di forze fisiche distruttrici (vulcani o tempeste).

CICALA: Nome comune di alcune specie di Insetti Emitteri Omotteri, della famiglia Cicadidi. Tibicen (o Lyristes) plebeius, diffusa in tutta la parte meridionale della regione paleartica, è comune in Italia.

CICLOPENTANOPERIDROFENANTRENE: Il ciclopentanoperidrofenantrene, detto anche sterano o gonano è un idrocarburo tetraciclico composto da un peridrofenantrene con uno degli anelli condensati ad un ciclopentano. È la struttura base degli steroli e degli steroidi come, rispettivamente, il colesterolo o il cortisolo.

CILIEGIO: Nome di parecchie forme coltivate di piante del genere pruno, della famiglia rosacee, riunite in due specie, il c. dolce o c. proprio (Prunus avium), albero alto fino a 20 m, con foglie ovali, fiori bianchi odorosi, in ombrelle, frutto a drupa, cuoriforme, rosso nerastro, edule, con polpa dolce, frequente anche in Italia, e l'agriotto o visciolo o c. visciolo (Prunus cerasus), arbusto o alberetto di 4-5 m, con drupe di un rosso più o meno cupo, succosissime, acidule, talora amarognole, coltivato in numerose forme.

CINGERE: Avvolgere, circondare.

CIPERACEE: Famiglia di piante monocotiledoni, caratterizzata da fiori ermafroditi o unisessuali, situati all'ascella di brattee scariose.

CIRCUMNAVIGAZIONE: Viaggio fatto per mare intorno al globo, o a un continente, o a un'isola.

CISTIFELLEA: Organo cavo (detto anche vescichetta biliare o colecisti) di forma ovolare, del volume di circa 40 cm3, annesso alle vie biliari extraepatiche. Situata sulla faccia inferiore del fegato, ha parete muscolomembranosa.

CISTITE: Infiammazione, acuta o cronica, della vescica urinaria, provocata nella maggior parte dei casi da microrganismi, più raram. da parassiti, da sostanze chimiche irritanti o da stimoli fisici.

CITOFONO: Impianto telefonico interno che collega la portineria o l'esterno di uno stabile con i singoli appartamenti, o anche parti di un'abitazione lontane tra loro.

CITRAGGINE: In botanica, sinon. di melissa.

CITRONELLA: Nome generico delle graminacee da essenze e, più propriamente, di un'erba rizomatosa e robusta (Cymbopogon nardus), detta anche nardo, con cespi alti fino a 2 m e foglie larghe, originaria dell'India, ove viene anche coltivata, soprattutto a Ceylon. Olio essenziale di c., liquido giallo-bruno, di odore di limone, usato in profumeria.

CITROSODINA: Integratore alimentare per l'apparato digerente comunemente utilizzato per contrastare il bruciore di stomaco occasionale, l'iperacidità e per aiutare la digestione lenta.

CIUCCIO: Tettarella di gomma.

CIVETTUÒOLO: Che ha in sé o mostra civetteria.

CLAMIDIA: In microbiologia, nome di microrganismi filtrabili (precedentemente chiamati bedsonie) a parassitismo obbligato (incapaci cioè di vivere fuori delle cellule parassitate), considerati pertanto dapprima come virus, poi come forme intermedie tra virus e batterî, e infine classificati come batteri.

CLARINETTO: Strumento a fiato costituito da un tubo di legno o ebanite o metallo (diritto, tranne che nel basso e contrabbasso, in cui il tubo è ricurvo), che termina a una delle estremità con una piccola svasatura a campana e all'altra con un bocchino munito di ancia semplice fissa.

CLARITROMICINA: Antibiotico semisintetico di formula $C38H69N13$, di struttura simile a quella dell'eritromicina. Polvere biancastra, solubile in acetone, poco solubile in metanolo ed etanolo, insolubile in acqua.

CLAUDICANTE: Zoppicante, zoppo.

CLAVICEMBALO: Strumento a corde e tastiera. Nella sua forma prevalente presenta una lunga cassa armonica ad ala, in cui le corde sono pizzicate da plettri messi in funzione da una tastiera semplice o doppia. Molto diffuso tra il 16° e il 18° sec., cadde in disuso con l'affermarsi del pianoforte.

CLAVICOLA: In anatomia umana, osso lungo, pari, in forma di S allungata, che si articola trasversalmente tra la scapola e lo sterno, al di sopra della prima cartilagine costale.

CLÌVIA: Genere di piante amarillidacee con poche specie dell'Africa australe, coltivate per ornamento: sono erbe perenni, con foglie a rosetta e un'ombrella di fiori giallo scuri o rosso aranciati.

COAGULAZIONE: Trasformazione, spesso irreversibile, di un liquido in una sostanza gelatinosa o solida per l'azione di agenti chimici o fisici.

COALIZIONE: Accordo, unione, intesa, più o meno temporanea, fra uomini politici, e spec. fra gruppi o partiti per la formazione di un governo (detto appunto governo di c.) che raggiunga la maggioranza e operi secondo un programma concordato insieme.

COBALTO: Elemento chimico, di simbolo Co, peso atomico 58,94, numero atomico 27. In natura è diffuso in diversi minerali principalmente come arseniuro, solfuro e solfoarseniuro, in genere associato con il nichel o con il rame o con entrambi.

CODROIPO: Comune della prov. Di Udine (74,6 km2 con 15.442 ab. Nel 2008).

COERCIZIONE: L'obbligare altri a fare o non fare una cosa, usando la forza o minacciando d'usarla; coazione, costrizione, limitazione della libera volontà.

COÈVO: Che è vissuto nello stesso tempo, appartenente alla stessa età.

COGÈNTE: Che costringe, che obbliga, che ha una funzione coattiva.

COIBENTAZIONE: Tecnica di applicazione di un isolante (acustico, elettrico o termico) a un apparecchio, a un impianto, a un ambiente, in modo da ostacolare la trasmissione di energia sonora, elettrica o termica.

COLBACCO: L'obbligare altri a fare o non fare una cosa, usando la forza o minacciando d'usarla; coazione, costrizione, limitazione della libera volontà.

COLEOTTERI: Il più grande ordine della classe degli Insetti (e del regno animale) con circa 300.000 specie descritte, diffuse su tutta la superficie della Terra. Sono insetti terrestri e acquatici, con dermascheletro consistente, buoni o mediocri volatori, talvolta inabili al volo.

COLIBRÌ: Uccelli dell'ordine Apodiformi (Trochiliformi per alcuni autori), detti anche uccelli mosca

(Trochilidae). Hanno dimensione di pochi cm ma alcuni arrivano a quella di un rondone.

COLLOQUIO: il parlare di due o poche persone tra di loro

CONCUPISCÈNZA: Brama ardente, desiderio appassionato, soprattutto di piaceri fisici, corporali.

CONDILO: In anatomia, eminenza articolare, di forma rotondeggiante o ellissoidale e a superficie convessa, ricoperta di cartilagine, che si articola, direttamente o mediante l'interposizione di un menisco interarticolare, con la concavità del segmento articolare opposto.

CONGERIA: In zoologia, nome di lamellibranchi del genere Congeria, distribuiti dal periodo terziario all'attuale, con conchiglia globosa più o meno quadrangolare, grande umbone ricurvo e protuberanza per l'inserzione del muscolo adduttore anteriore.

CONGETTURA: Supposizione, giudizio fondato su indizî o apparenze probabili.

CONNOTAZIONE: Elemento accessorio che, in unione con la denotazione, contribuisce a costituire il valore di una parola.

CONNUBIO: Alleanza di partiti o tendenze politiche.

CONSTATAZIONE: Il fatto di constatare; accertamento, riconoscimento di un fatto.

CONTENITORE: Denominazione generica di recipienti, involucri, casse, e sim., di forma e materiali adatti, destinati a contenere oggetti o materiali particolari.

CONTINUUM: Insieme di varietà linguistiche non separate da confini netti, ma con punti di contatto e di sovrapposizione tali da determinare il passaggio graduale dell'una nell'altra.

CONTRAÈNTE: Che o chi si obbliga verso altri mediante un contratto.

CONTRAPPOSIZIONE: Il contrapporre, l'esser contrapposto.

CONVENEVOLE: Opportuno, conveniente, adatto, adeguato: entro limiti c.; come s.m. con valore neutro, necessario.

CONVERSIONE: Rivolgimento, movimento di un corpo nello spazio intorno a un altro corpo; in particolare, movimento di rivoluzione dei pianeti.

CONVESSO: In genere, di corpo che si presenta ricurvo come la parte esterna di un cerchio o di una sfera (opposto di concavo).

COPIOSO: Abbondante per numero o per quantità.

CORBEZZOLO: Arbusto o piccolo albero (Arbutus unedo) sempreverde della famiglia Ericacee, elemento importante della macchia mediterranea, diffuso in Italia nelle zone più calde, soprattutto su suoli silicei.

Cornucopia: Corno dell'abbondanza, simbolo della
fertilità: è raffigurato da un corno, che in origine era
quello della capra Amaltea, nutrice di Giove, colmo
di frutti e circondato d'erbe e fiori. Era attributo di
molti dei e dee ritenuti dispensatori dei beni della
terra.

Coscienziosità: L'esser coscienzioso; il comportarsi
secondo coscienza.

Cratere: Grande vaso a larga imboccatura, di
terracotta decorata, argento, bronzo e anche
marmo, con o senza anse, nel quale, in Grecia e in
Roma antiche, si preparava la miscela di vino e
acqua da servire nei banchetti.

Cremisi: Sostanza colorante rossa, colore rosso vivo.

Crenatura: In botanica, ciascuno dei piccoli denti, ad
apice arrotondato, del margine di fillomi.

Cretino: Affetto da cretinismo. Nel linguaggio
corrente, con sign. più generico e senza relazione
con la malattia, stupido, imbecille e sim., per lo più
come titolo d'ingiuria.

Cristallo: Prodotto dell'industria vetraria ottenuto
fondendo ad alta temperatura miscele di sabbia
quarzosa, minio e carbonato potassico, con
eventuale aggiunta di acido borico e ossido di
piombo; si distingue dal vetro ordinario per essere
perfettamente trasparente, incolore e lucente,
elastico in grado elevato e atto alla molatura.

CROGIOLO: Recipiente di forma cilindrica, ovale o tronco-conica, usato per fondere metalli, vetri ecc., nonché per analisi di laboratorio. I c. sono fatti di materiali refrattari argillosi, magnesiaci, di porcellana, di grafite, carbone di storta o carborundum. Ve ne sono anche metallici: di platino per analisi chimiche, di ghisa o di ferro per la fusione di metalli facilmente fusibili, di piombo per scopi particolari, come, per es., per l'attacco di silicati con acido fluoridrico.

CROTALO: Strumento a percussione usato nelle antiche civiltà orientali, costituito da un paio di valve lignee, eburnee o anche metalliche, che il suonatore, impugnandone l'estremità inferiore, faceva cozzare l'una contro l'altra a modo di castagnette.

CRUENTO: Sanguinoso, che provoca spargimento di sangue.

CTHULHU: Cthulhu è una creatura immaginaria ideata dallo scrittore statunitense Howard Phillips Lovecraft. Si tratta di un essere semi-divino di proporzioni e forza prodigiose che risiede nella perduta città sommersa di R'lyeh, nei pressi di Ponape (l'odierna Pohnpei, in Micronesia), in un sonno simile alla morte, nell'attesa che una congiunzione astrale favorevole ne consenta il risveglio.

CUCCAGNA: Luogo favoloso ricco d'ogni cosa piacevole e di facile godimento, secondo una fantasia d'origine non sicura, che domina, in forma burlesca, nella letteratura del medioevo e agli inizi dell'età moderna.

CUNEIFORME: Scrittura in uso presso i Sumeri, gli Assiro-Babilonesi e altri popoli dell'Asia occidentale antica, costituita da segni o caratteri lineari a forma di cuneo. I caratteri si scrivevano dalla sinistra alla destra mediante uno stilo di canna dura o metallo, la cui punta acuminata affondava nell'argilla.

CUNICOLO: Stretta galleria sotterranea scavata in opere di difesa e di assedio, per aprirsi un passaggio, abbattere fortificazioni, collocare mine ecc.

CUTE: L'involucro continuo che riveste tutto il corpo dei Vertebrati e che, in corrispondenza delle aperture naturali di esso, continua nelle membrane mucose che tappezzano le cavità comunicanti con l'esterno. Il termine si usa più particolarmente per indicare la pelle dell'uomo.

Capitolo 4 - Lettera D

Certe parole sembrano possedere un potere magico formidabile. Migliaia di uomini si son fatti uccidere per parole di non hanno mai compreso il significato, e spesso anche per parole che non hanno nessun significato.

Gustave Le Bon

Dagherrotipia: Procedimento fotografico in uso verso la metà dell'Ottocento per riprodurre le immagini direttamente su lastre di rame argentate in superficie, rese sensibili esponendole nell'oscurità a vapori di iodio, che provocavano la formazione di ioduro d'argento.

Dardo: Arma da lanciare a mano o con l'arco, con la cerbottana, ecc., costituita da un'asta di legno con punta di ferro, di solito senza impennatura.

Dattilografia: Scrittura fatta mediante macchine per scrivere, così detta in quanto tali macchine sono azionate battendo le dita su appositi tasti.

Deambulazione: La locomozione (detta comunem. andatura o cammino) propria dell'uomo e di molti vertebrati superiori, consistente nell'alterno spostamento in avanti dei quattro arti nei quadrupedi e nei quadrumani, dei due arti inferiori nell'uomo.

DEBOSCIATO: Degenerato, depravato, dissoluto, scapestrato, scostumato, sregolato, vizioso.

DECAPITARE: Uccidere tagliando la testa, soprattutto in seguito a condanna.

DECONTESTUALIZZARE: Estrarre dal proprio contesto, detto di una frase o di un oggetto, per lo più con sign. spreg. o limitativo.

DELIRIO: In psicopatologia, stato di alterazione mentale, consistente in una erronea interpretazione della realtà, anche se percepita normalmente sul piano sensoriale, dovuta a profonda trasformazione della psiche e della personalità.

DELIZIOSO: Che procura delizia, che dà un intenso piacere e godimento spirituale o estetico, o anche fisico.

DENIGRARE: Sminuire il valore di una persona o di una cosa con critiche ingiuste e ingiuriose ≈ calunniare.

DENOCCIOLARE: Lo stesso, ma meno com., che snocciolare.

DENUCLEARIZZATO: Di territorio oggetto di trattato o accordo di denuclearizzazione.

DEPAUPERARE: Rendere povero, impoverire, con sottrazione o dispersione delle capacità produttive o della sostanza costitutiva.

DEPLEZIONE: Anglicismo adoperato in alcuni linguaggi tecnici, col sign. di riduzione, diminuzione, perdita.

DEPLORAZIONE: Sentimento, individuale o collettivo, di riprovazione e di condanna per atti, situazioni, comportamenti che offendono o provocano intima amarezza e rincrescimento, e le parole stesse con cui si manifesta tale sentimento.

DESPOTA: Nell'antica Grecia, il padrone di casa, in particolar modo nei rapporti con i servi, e anche titolo dato a dei e monarchi degli imperi orientali, nel senso di sovrano assoluto.

DESUÈTO: Non più abituato a qualche cosa; in questo sign., è meno com. che dissueto.

DIATRIBA: Conversazione o conferenza diretta dagli antichi filosofi a un pubblico più vasto di quello ristretto della scuola, e pertanto di tono più popolare e rivolta con preferenza a questioni di etica.

DILANIARE: Sbranare, lacerare le carni: l'animale fu dilaniato dagli artigli della tigre;

DIGESTIONE: In fisiologia, l'insieme dei processi meccanici e chimici (masticazione e insalivazione, imbibizione di succo gastrico e pancreatico, trasformazioni idrolitiche ed eliminazione, con le feci, dei residui non digeriti) che avvengono nell'apparato digerente per rendere gli alimenti utilizzabili ai fini della nutrizione.

DIGIEVOLUZIONE: concetto immaginario usato nelle varie serie esistenti dell'universo del media franchise giapponese Digimon. Si tratta di un processo che intraprendono i Digimon, mostri immaginari che abitano un universo parallelo immaginario chiamato Digiworld, generatosi dai sistemi di comunicazione della Terra. Attraverso la Digievoluzione, un Digimon può svilupparsi in un essere più potente

DILANIARE: Sbranare, lacerare le carni: l'animale fu dilaniato dagli artigli della tigre.

DINAMITE: Nome generico di esplosivo ottenuto facendo assorbire la nitroglicerina da sostanze capaci di trattenerla allo stato di grande suddivisione o di formare con essa una massa gelatinosa.

DINOFLAGELLATE: conosciute anche come pirrofite, peridinee o dinoficee, sono alghe microscopiche per lo più unicellulari e flagellate, che rappresentano uno dei più importanti gruppi del fitoplancton sia marino che d'acqua dolce con oltre 2000 specie viventi.

DIRIMERE: 1. Dividere, separare; **2.** Risolvere e troncare, di solito con intervento d'autorità.

DIRIMPETTAIO: Chi sta dirimpetto, chi abita nella casa o nell'appartamento di faccia.

DIROMPENTE: Che dirompe, che scoppia cioè violentemente, producendo la frantumazione del contenitore e lo sgretolamento dell'obiettivo colpito.

DISARTRIA: Disturbo dell'articolazione della parola a seguito di incoordinazione dei movimenti dei muscoli fonatori per difetto dell'innervazione.

DISCALCULIA: In medicina, l'incapacità di comprendere simboli numerici e di eseguire calcoli matematici.

DISCERNIMENTO: Il discernere con i sensi o con l'intelletto: d. dei colori; d. del vero dal falso.

DISCRASIA: Secondo la dottrina umorale ippocratica, lo squilibrio nella composizione o temperamento (crasi) dei quattro umori dell'organismo umano, che caratterizza e condiziona ogni stato morboso.

DISCROMIA: Alterazione del colorito della pelle, per variazioni quantitative del normale pigmento cutaneo o per deposizione di pigmenti d'origine diversa (ematica, biliare, malarica ecc.).

DISDEGNARE: Considerare indegno di sé, avere a sdegno, rigettare con disprezzo.

DISDICÉVOLE: Che non si addice, sconveniente.

DISINIBITO: In psicopatologia, si dice di paziente che ha perso i normali freni inibitori in seguito a lesione cerebrale (congenita o acquisita) o a malattia mentale (schizofrenia, eccitamento maniacale).

DISINTOSSICAZIONE: L'insieme dei provvedimenti terapeutici ed endogeni (fenomeni biochimici e fisiochimici) rivolti a eliminare, neutralizzare o metabolizzare sostanze esogene o endogene, responsabili di condizioni tossiche per l'organismo.

DISPOTICO: Di despota, fondato sul dispotismo, tirannico, che è proprio d'un despota. Per estens., di persona rigidamente autoritaria, che vuol imporre su tutto la propria volontà.

DISQUISIRE: Dissertare o discutere a lungo e con minuziosa sottigliezza.

DISSENTERIA: Stato morboso di natura infettiva (batterica, virale, amebica), caratterizzato da frequenti scariche diarroiche contenenti muco e sangue, accompagnate da tenesmo.

DISTOPIA: 1. Nel linguaggio medico, spostamento (in genere per malformazione congenita) di un viscere o di un tessuto dalla sua normale sede. **2.** Previsione, descrizione o rappresentazione di uno stato di cose futuro, con cui, contrariamente all'utopia e per lo più in aperta polemica con tendenze avvertite nel presente, si prefigurano situazioni, sviluppi, assetti politico-sociali e tecnologici altamente negativi.

DISTORSIONE: In genere, spostamento o deformazione che provoca un'alterazione della forma o dell'atteggiamento naturale.

DITTÒNGO: Gruppo di due vocali che si seguono nella medesima sillaba, e delle quali una è vocale sillabica, mentre l'altra può essere sia vocale vera e propria ma asillabica, sia semiconsonante.

DIVELLERE: Strappare con forza, estirpare.

DIVERTICOLITE: Nel linguaggio medico, infiammazione di un diverticolo favorita dal ristagno del materiale di secrezione o di passaggio.

DOLCIASTRO: Di sapore piuttosto dolce, ma non gradevole: un vino d.; fig., riferito a persona e al suo comportamento, mellifluo, pieno di smancerie: modi dolciastri.

DONDOLARE: Mandare in qua e in là una cosa sospesa, o che stia in bilico o abbia un solo punto d'appoggio.

DOZZINA: Dodici cose dello stesso genere.

DRONGO: Nome dato alle varie specie di uccelli della famiglia dicruridi, e in partic. alla specie Dicrurus adsimilis, delle savane africane.

DUGONGO: Genere di mammiferi sirenî con una sola specie (Dugong dugong), che vive sui bassi fondali del Mar Rosso e dell'Oceano Indiano, e lungo le coste dell'Australia e della Nuova Guinea: di dimensioni notevoli (oltre 3 m di lunghezza e 300 chili di peso) e di abitudini vegetariane, ha capo grosso, tondeggiante, che sembra attaccato direttamente al tronco per la brevità e la larghezza del collo, apertura boccale contornata da setole brevi e dure, dentatura molto ridotta e a crescenza continua, pinna caudale suddivisa in due lobi.

DUREVOLE: Che ha qualità per durare a lungo: materiali d.; una pace d.; affetti, legami durevoli. In economia, bene d., ogni bene economico, di consumo o strumentale, che, pur logorandosi man mano, sia capace di prestare più servizî utili successivi (per es. vestiti, mobili, macchine, ecc.). In botanica, spora d., lo stesso che spora duratura (v. duraturo).

DÙTTILE: Di materiale che può subire, sotto l'azione di forze di trazione, deformazioni plastiche rilevanti in modo da poter essere ridotto con facilità in fili o anche in fogli sottili.

Capitolo 5 - Lettera E

Certo, le parole non sono azioni; ma qualche volta una buona parola vale quanto una buona azione.

Arturo Graf

Ecclesiastico: Che riguarda la Chiesa.

Echidna: Genere di mammiferi monotremi echidnidi, la cui specie tipica, la e. istrice, diffusa in Australia e in Tasmania, ha corpo grosso e tozzo, lungo circa 40 cm, rivestito sul ventre di pelo ruvido e grossi aculei; ha inoltre arti brevi e robuste unghie scavatrici, muso lungo tubolare, glabro, e lingua lunghissima, vermiforme e viscida, con cui cattura le formiche e le termiti delle quali si ciba.

Eclèttico: Dell'eclettismo; seguace dell'eclettismo. Per estens., chi, nell'arte o nella scienza, non segue un determinato sistema o indirizzo, ma sceglie e armonizza i principî che ritiene migliori di sistemi e indirizzi diversi.

Ectoplasma: Strato corticale o periferico del citoplasma cellulare, in opposizione a endoplasma. Privo di granulazioni, ha aspetto ialino e trasparente, ed è limitato all'esterno dalla membrana cellulare.

EDONISMO: Concezione filosofica che riconosce come fine dell'azione umana il piacere.

EFFÌGIE: Immagine, figura (soprattutto di persona) rappresentata in disegno o a rilievo.

EFFIMERO: Struttura architettonica o decorativa provvisoria, realizzata a scala urbana o entro palazzi o luoghi di culto, in occasione di particolari avvenimenti o di funzioni liturgiche.

EGOSINTONICO: In psicanalisi, di soggetto o comportamento che rivela compatibilità di idee e impulsi con l'Io o una sua parte; quest'ultima può mettersi a disposizione di un c-omportamento deviante, ancorché egosintonico, per difendersi da una sottostante angoscia.

EGOTISMO: Eccessivo compiacimento con cui ci si guarda, connesso con la tendenza a fare di sè stessi l'oggetto privilegiato di ogni riflessione.

EGRÉTTA: Pennacchio di penne lunghe e sottili, usato per adornare copricapi militari, cappelli o pettinature femminili.

EIDOMÀTICA: Altro termine con cui viene da taluni indicato il disegno al computer, soprattutto come complesso di tecniche e di programmi per produrre ed elaborare immagini sullo schermo di un computer a scopo ricreativo, didattico o progettuale.

Elargire: Donare distribuendo con generosità e in abbondanza.

Elegìaco: Di elegia, proprio dell'elegia; la strofa risultante dall'unione di un esametro dattilico e di un pentametro, caratteristica dell'elegia e dell'epigramma.

Elicoidale: Che si riferisce all'elica, sia come curva geometrica, sia come mezzo di propulsione meccanica.

Eliografìa: Un tempo, processo di riproduzione grafica nel quale vi era l'impressione di una superficie sensibile esposta, sotto un negativo, alla luce del sole. Oggi il nome è rimasto per alcuni analoghi processi di riproduzione di disegni tracciati su carta traslucida, benché in essi si faccia uso in generale di luce artificiale.

Ellissoide: In geometria, superficie chiusa del 2° ordine (o quadrica), avente un centro e tre assi di simmetria mutuamente ortogonali; anche la parte di spazio racchiusa entro tale superficie.

Elogio: In origine, presso i Romani, breve iscrizione ed epitaffio, poi corta formula, specialmente giudiziaria. Nelle iscrizioni funebri, gli e. furono prima in versi saturni, poi in esametri, distici elegiaci, senari giambici.

Emulsionante: In chimica, di sostanza o miscuglio di sostanze che (abbassando la tensione superficiale dei liquidi da mescolare, solvatando le goccioline della fase dispersa e impartendo ad esse cariche elettriche di segno uguale) favorisce la formazione o il mantenimento di una emulsione.

ENARTROSI: In anatomia, uno dei sei tipi di articolazione mobile, caratterizzato essenzialmente dalla forma emisferica delle superfici articolari dalla presenza di una capsula fibrosa rinforzata da benderelle o legamenti e dalla possibilità di movimenti ampî in tutti i sensi.

ENCEFALITE: Infiammazione dell'encefalo. Le e. costituiscono un capitolo della neuropatologia più o meno vasto a seconda dei criteri discriminatori adottati.

ENCOMIABILE: Degno di lode, di encomio.

ENCÒMIO: Nella Grecia antica, canto celebrativo di azioni insigni; in seguito anche elogio in prosa di un personaggio illustre.

ENDÈMICO: Proprio di un determinato territorio, detto di malattie.

ENDOMETRIO: In anatomia, la mucosa che riveste la superficie interna dell'utero.

ENTALPIA: In termodinamica, funzione (detta anche impropriam. contenuto termico o calore totale) definita come somma tra l'energia interna e il prodotto della pressione per il volume di un fluido termodinamico.

EÒNE: In geologia stratigrafica, intervallo di tempo che abbraccia più ere geologiche.

EPATOCITO: In istologia, l'unità cellulare fondamentale del parenchima epatico.

EPATOTOSSICITÀ: Capacità di una sostanza chimica di procurare un danno al fegato.

EPICALICE: Involucro di brattee addossato al calice dei fiori di alcune piante, quali la malva.

EPICONDILITE: Infiammazione dei tendini che si inseriscono sull'epicondilo omerale: è malattia non rara, che si rivela con dolori in prossimità del gomito.

EPIDERMIDE: In anatomia, la parte epiteliale e superficiale della pelle, che, nei mammiferi e nell'uomo in particolare, è costituita da varî strati cellulari e forma con il derma sottostante la cute o pelle.

EPIGLOTTIDE: In anatomia umana, cartilagine a forma di foglia, situata innanzi all'orifizio superiore della laringe, a guisa di opercolo che si abbassa quando la laringe, nell'atto della deglutizione, si innalza.

EPSILON: Nome della 5a lettera dell'alfabeto greco, e del segno che la rappresenta (minuscolo ε, maiuscolo E), corrispondente alla lettera e, E con quantità breve dell'alfabeto latino.

EPISTASSI: Perdita di sangue dal naso: può essere lieve o intensa, unica o ripetuta.

EPISTOLARE: Di lettera, di lettere; che consiste di lettere o si svolge per mezzo di lettere.

EPITAFFIO: Iscrizione sepolcrale, spesso in forma di breve componimento in versi, che per lo più contiene anche le lodi del defunto: vide il loco ove il vecchio corpo con giusto epitafio si riposava (Boccaccio).

EPÌTETO: Sostantivo, aggettivo o locuzione attributiva che si aggiunge a un nome per qualificarlo, o (in senso stretto e più com.) con funzione semplicemente accessoria o esornativa, come quando viene aggiunto a determinati nomi per indicarne una caratteristica propria e rilevante, anche senza riferimento alla situazione particolare.

EPOPEA: Narrazione poetica di gesta eroiche; poema epico, o ciclo di poemi, che raccoglie in unità organica racconti leggendarî per lo più elaborati dalla tradizione.

EQUILIBRIO: Stato di quiete di un corpo.

EQUINOZIO: Ciascuno dei due punti d'incontro dell'eclittica con il piano dell'equatore celeste, e anche ciascuno dei due istanti (praticamente dei due giorni) in cui il Sole, percorrendo annualmente l'eclittica nel suo moto apparente, passa per essi.

EQUIPOLLENZA: In geometria, particolare relazione di equivalenza tra segmenti orientati: si dicono equipollenti due segmenti orientati AB, A'B' quando le loro rette sono parallele, i loro versi concordi e le loro lunghezze uguali. Dividendo l'insieme dei segmenti orientati in classi rispetto alla relazione di e., ciascuna classe rappresenta per astrazione un vettore.

ERMAFRODITISMO: In biologia, fenomeno per cui uno stesso individuo possiede contemporaneamente gli organi riproduttivi maschili e femminili, sia come condizione normale (come avviene nelle piante o negli animali inferiori), sia come condizione anormale o patologica (nei vertebrati superiori e nell'uomo).

EROINA: Composto chimico, $C_{17}H_{17}NO\,(C_2H_3O_2)_2$. Si presenta come una polvere bianca, inodore, solubile in acqua, ottenuta per acetilazione della morfina (diacetilmorfina). Ha un'azione farmacologica simile a quella della morfina, nei confronti della quale però è più attiva, dà maggiore euforia e induce più rapidamente farmacodipendenza.

ERUDIZIONE: Complesso di cognizioni acquisite in uno o più campi del sapere, attraverso la ricerca ampia e minuta di dati e notizie, non sempre accompagnata da originalità di pensiero e finezza di gusto.

ESCRESCÈNZA: Quanto cresce e sporge sopra una superficie piana.

ESECRABILE: Che merita di essere esecrato.

ESEGESI: Interpretazione di un testo. In particolare, e. biblica è l'interpretazione della Bibbia. In ambito ebraico l'e. si divide in due filoni: quello legale (halakhah), che fa derivare dalla scrittura le norme di vita quotidiana, e quello morale (haggadah), che si esprime con racconti e parabole. Nel cristianesimo, l'interpretazione dell'Antico Testamento ebbe i suoi punti centrali nella convinzione che tutti i profeti dell'Antico Testamento avessero predetto la venuta di Gesù, e che tutti i personaggi e gli avvenimenti avessero prefigurato la vita di Gesù e della Chiesa.

ESEGETICA: L'esegesi, intesa non come attività, ma come arte o scienza della interpretazione e spiegazione critica dei testi.

ESILARANTE: Che esilara, che provoca ilarità; anche iron. o scherz., di cosa o persona ridicola, che desti il riso perché sciocca o puerile.

ESIMENTE: Nel linguaggio giur., che esime, che sottrae a un obbligo.

ESOGENESI: In genere, formazione per via esterna, determinata da fattori esterni.

ESOSO: Odioso, che si fa malvolere per i suoi modi o per il suo carattere.

ESPLETARE: Compiere, condurre a termine, finire.

ESTATICO: Che è proprio dell'estasi.

ESTENDIBILE: Che può estendersi; meno com. di estensibile.

ESTERREFATTO: Atterrito, spaventato.

ESTÈTA: Chi, in arte, afferma il concetto del bello in sé e per sé, senza attribuire importanza ad altri aspetti (sociali, morali, storici, ecc.) dell'opera d'arte; più genericam., chi ha il senso e il culto del bello nell'arte, o chi assume la bellezza come ideale di vita e valore esclusivo (quindi, anche, seguace dell'estetismo).

ESTIRPARE: Levar via fin dalla radice, sradicare, svellere.

ESTRO: A. Presso gli antichi Greci, nome del tafano. B. Nella sistematica zoologica moderna, nome (lat. scient. Oestrus) di un genere d'insetti estridi.

ETEROPOLIMERIZZAZIONE: In chimica organica, polimerizzazione nella quale si riuniscono fra loro molecole di diversa natura.

ETEROPOLISACCARIDI: polisaccaridi composti dall'unione di più monosaccaridi differenti, tramite legami glicosidici.

ETILENDIAMMINA: composto organico con formula $C_2H_8N_2$. Tende dal giallo pallido all'incolore, e ha l'odore tipico dell'ammoniaca. È una base debole, completamente solubile in solventi polari come acqua o etanolo.

ETILENDIAMMINOTETRAACETICO: più noto con la sigla di EDTA è un acido carbossilico; in particolare è un acido tetracarbossilico dotato inoltre di due doppietti elettronici (donatori di Lewis) appartenenti all'azoto. Queste caratteristiche fanno dell'anione etilendiamminotetraacetato $EDTA4-$ un legante esadentato.

ETIMOLOGIA: Disciplina linguistica che studia la storia delle parole, risalendo fino al punto della storia o della preistoria di un vocabolo (etimo) in cui esso risulta appartenente a una famiglia di altri vocaboli.

ETMOIDE: Osso impari, mediano, simmetrico, che fa parte della base del cranio ed è in stretta connessione con le fosse nasali.

ETNOCENTRISMO: In sociologia e psicologia sociale, tendenza a giudicare i membri, la struttura, la cultura, la storia e il comportamento di altri gruppi etnici con riferimento ai valori, alle norme e ai costumi del gruppo a cui si appartiene, per acritica presunzione di una propria superiorità culturale.

EUDEMONISMO: Dottrina che considera naturale per l'uomo la felicità (gr. εὐδαιμονία) e assegna alla vita umana il compito di raggiungerla;

EULOGIA: Nome con cui nella Chiesa delle origini si designavano sia i frammenti del pane eucaristico consacrato e non consumato, sia, più di frequente, i pani offerti dai fedeli per il sacrificio eucaristico, che, benedetti dal sacerdote, erano poi distribuiti agli assistenti o ai fedeli assenti.

EUTANASIA: Azione od omissione che, per sua natura e nelle intenzioni di chi agisce (eutanasia attiva) o si astiene dall'agire (eutanasia passiva), procura anticipatamente la morte di un malato allo scopo di alleviarne le sofferenze. In particolare, l'eutanasia va definita come l'uccisione di un soggetto consenziente, in grado di esprimere la volontà di morire, o nella forma del suicidio assistito o nella forma dell'eutanasia volontaria in senso stretto, con la richiesta al medico di essere soppresso nel presente o nel futuro.

EVANESCENTE: Che va svanendo, che s'affievolisce, che scompare a poco a poco.

Capitolo 6 - Lettera F

La memoria è l'intelligenza degli idioti.

Albert Einstein

FACOCERO: Genere di mammiferi artiodattili della famiglia suidi, con un'unica specie, Phacochoerus aethiopicus, simile al nostro cinghiale, che vive, in famiglie poco numerose, in località steppose dell'Africa merid. e occid.

FALLACE: Che può illudere, ingannare, indurre in errore, e, più spesso, che inganna, che induce in errore.

FANFARA: Complesso, non molto numeroso, di strumenti a fiato (per lo più della famiglia delle trombe) e di strumenti a percussione (tamburi, ecc.), che accompagna di solito sfilate, parate militari, cerimonie ufficiali.

FANTASMAGORICO: Che ha i caratteri d'una fantasmagoria.

FARFUGLIARE: Borbottare, parlare in modo poco intelligibile, smozzicando le sillabe.

FARLOCCO: Falso, fasullo.

FATTUCCHIERA: Donna che esercita, o si crede che eserciti, le arti magiche, compiendo malie e stregonerie.

FENILALANINA: Amminoacido che partecipa alla costituzione delle più comuni proteine alimentari. La sua molecola è chirale e apolare.

FENILCHETONURIA: In medicina, nome moderno dell'oligofrenia fenilpiruvica.

FERTILITÀ: In agraria, capacità di un terreno a far crescere le piante coltivate in modo che producano la desiderata quantità di prodotti utili; dipende dalle condizioni fisiche (umidità, ecc.), chimiche (presenza di sufficienti quantità di composti chimici assorbibili dalle radici, ecc.) e biologiche (edafon) del terreno, le quali spesso vengono modificate favorevolmente con la somministrazione di fertilizzanti.

FILANTROPIA: Amore verso il prossimo, come disposizione d'animo e come sforzo operoso, di un individuo o anche di gruppi sociali, a promuovere la felicità e il benessere degli altri.

FILIFORME: Che ha forma di filo, che s'allunga e assottiglia come filo, o più genericam., che può essere schematizzato in un filo.

FILIPPINO: Dell'arcipelago delle Filippine, nell'oceano Pacifico, a oriente dell'Indocina, costituito da oltre 7000 isole riunite dal 1946 in repubblica autonoma.

FILLOTASSI: In botanica, disposizione (detta anche tassia fogliare) delle foglie, e in generale dei fillomi (brattee, pezzi fiorali, ecc.) sul caule.

FILOGENESI: Storia evolutiva di un gruppo di organismi alla luce delle loro relazioni reciproche di discendenza e di affinità.

FILTRARE: Far passare un liquido o un gas attraverso un filtro capace di trattenere le particelle solide contenute in sospensione. Terza persona plurale del congiuntivo presente di filtrare

FILTRINO: 1. Terza persona plurale del congiuntivo presente di filtrare. **2.** Terza persona plurale dell'imperativo di filtrare

FISIMA: Idea priva di fondamento, fissazione, oppure capriccio, desiderio o aspirazione stravagante.

FISIOGNOMICA: disciplina pseudoscientifica che attraverso la fisiognomia o fisiognomonia pretende di dedurre i caratteri psicologici e morali di una persona dal suo aspetto fisico, soprattutto dai lineamenti e dalle espressioni del volto.

FITOPLANCTON: In ecologia, l'insieme degli organismi vegetali che costituiscono il plancton.

FLANELLA: Tessuto leggero, morbido, caldo, con armatura a saia. Realizzato in lana o cotone, con filato cardato, ha superficie uniforme, leggermente pelosa.

FLAUTULENZA: Produzione di una miscela di gas, aggiunta a delle particelle aerosolizzate di feci, che viene rilasciata sotto pressione attraverso l'ano.

Essa è genericamente associata a un caratteristico suono e a un odore sgradevole

FONENDOSCOPIO: Strumento usato in medicina come sussidiario per l'auscultazione clinica, formato da una capsula metallica chiusa da una membrana vibratile (che si applica sui punti da esaminare) e da due piccoli tubi flessibili che trasmettono le onde sonore, raccolte dalla capsula, all'orecchio dell'esaminatore.

FONICO: In grammatica, si dice f. l'accento grafico usato per indicare il timbro di e, o toniche.

FORBITO: Nitido, terso.

FOSFOLIPIDE: In biochimica, nome generico di sostanze (dette anche fosfatidi) presenti in tutte le cellule animali e vegetali e abbondanti nei semi, nelle uova, nel tessuto nervoso e muscolare.

FOSFORILAZIONE: Reazione chimica tra l'acido fosforico e un altro composto, di norma organico, con eliminazione di una molecola di acqua.

FOTOFORO: In zoologia, nome di organi produttori di luce, detti anche organi luminosi, localizzati in diverse parti del corpo, derivati da varî apparati oppure indipendenti, e con struttura più o meno complessa simile a quella dei fotorecettori.

FOTTÌO: Gran quantità.

Fringuèllo: Piccolo uccello dei Passeriformi, con ala lunga 85 mm (Fringilla coelebs). Il maschio ha livrea blu e rossa, la femmina e i giovani sono verdastri.

Frisone: Della Frisia, regione storica sulle coste del Mare del Nord, di cui facevano parte le Isole Frisone o Frisie, cordone di isole che si estende dalla punta di Helder nei Paesi Bassi fino al limite settentr. dello Schleswig; esse appartengono in parte ai Paesi Bassi, in parte alla Germania e in parte alla Danimarca.

Frivolo: Di scarsa importanza e di poca serietà.

Fronda: In botanica, la foglia delle felci; anche il corpo di alghe, licheni, epatiche talloidi, quando ha aspetto fogliaceo.

Frondeggiare: Rivestirsi, essere rivestito di fronde.

Fuffa: Merce dozzinale, di scarsissimo o nessun valore; ciarpame, paccottiglia.

Fuorviare: 1) Uscire di strada. 2) Allontanare dalla via giusta, in senso proprio e fig.

Furetto: In zoologia, varietà albina e domestica della puzzola (Mustela putorius), più sensibile di questa alle temperature fredde, usata nella caccia al coniglio selvatico, e allevata anche per la pelliccia bianco-giallognola che fornisce.

Fuscèllo: Ramoscello sottile e corto di legna secca; festuca di paglia.

Fusto: In botanica, la parte assile (detta anche caule) delle piante cormofite, che porta le foglie.

CAPITOLO 7 - LETTERA G

Conosco la metà di voi soltanto a metà; e nutro, per meno della metà di voi, metà dell'affetto che meritate.

J. R. R. Tolkien

GAGLIOFFO: Di persona buona a nulla, sciocca e ignorante o goffa.

GALAGONE: In zoologia, genere di proscimmie della famiglia dei lorisidi, di medie e piccole dimensioni, con coda lunga e pelosa, arti posteriori molto più lunghi degli anteriori, muso breve, occhi molto grandi, pelo morbidissimo.

GALENICO: preparazione farmaceutica contenente uno o più ingredienti organici (per lo più di composizione complessa e difficilmente analizzabile), ottenuta attraverso operazioni fisiche e meccaniche semplici.

GALERO: Copricapo degli antichi Romani a forma di calotta, per lo più di cuoio, usato da campagnoli, da cacciatori e da guerrieri che talvolta lo coprivano con l'elmo metallico.

GALVANIZZARE: Sottoporre un corpo animale all'azione della corrente di una pila voltaica o della corrente elettrica.

GANGLIO: Formazione anatomica di varia natura, forma e grandezza, disposta lungo il decorso di nervi encefalici, spinali e neurovegetativi (g. nervoso) o di nervi linfatici (g. linfatico o linfonodo).

GARGANTUESCO: Degno, proprio del gigante Gargantua.

GARGARISMO: Forma molto comune di terapia locale, consistente nel far gorgogliare in gola, a capo ripiegato indietro, una soluzione medicamentosa atta a lenire processi infiammatorî faringei.

GASTROSCOPIA: Nel linguaggio medico, ispezione ottica dello stomaco, che si esegue col gastroscopio.

GASTROVASCOLARE: In zoologia, sistema g., sinon. di celenteron, l'unica cavità del corpo dei celenterati.

GAUDENTE: Che gode di qualche cosa; pieno di gioia, di gaudio.

GAUDIOSO: Pieno di gaudio; che prova in sé gaudio, o lo manifesta, o ne è causa.

GAZELLA: Mammifero della famiglia bovidi, appartenente al genere Gazella, cui appartengono numerose specie e sottospecie che vivono in località desertiche, nelle steppe e boscaglie steppose dell'Africa settentr. e orient. fino a Zanzibar, dell'Asia occident. e dell'India.

GENTAMICINA: Antibiotico prodotto dall'actinomicete Micromonospora purpurea, scoperto da M.J.

Weinstein e collaboratori nel 1963; si è dimostrato particolarmente utile nella terapia delle infezioni da germi gram-negativi.

GENUFLESSIONE: Atto reverenziale consistente nel piegare temporaneamente un ginocchio a terra o nel tenervi piegate tutte e due le ginocchia, durante una cerimonia religiosa, nella preghiera, davanti ai sacri simboli della religione, in presenza di persone sacre o auguste.

GERMOGLIO: Nell'uso com., ramo che inizia lo sviluppo dalla gemma o che è spuntato da poco tempo; in botanica, più propriam., il complesso del fusto e delle sue foglie.

GERONTOLOGIA: Scienza che ha per oggetto lo studio dei fenomeni biologici peculiari della senescenza e della senilità (modificazioni anatomiche, funzionali, immunologiche, psicologiche, ecc.).

GHEPARDO: Carnivoro felino (Acinonyx jubatus), grosso quasi come il leopardo, ma più snello, con arti più lunghi e pelame a macchie nere piene, che vive con alcune sottospecie in Africa orient. e merid., nel Sahara, e in Mesopotamia, Siria, Iran, India, ecc.

GHIRIGORO: Intreccio capriccioso di linee curve fatto senza intenzioni di disegno.

GIAGUARO: Nome comune del leopardo d'America (Panthera onca), diffuso dal Messico alla Patagonia:

ha corporatura massiccia e dimensioni che variano da 1,5 m a 1,8 m (esclusa la coda), testa grande, pelliccia cosparsa di macchie nere generalmente ad anello, con una o due macchiette nel campo interno.

GILGAMESH: Eroe dell'epica mesopotamica che per alcuni studiosi sarebbe da identificare con il quinto re della 1ª dinastia di Uruk, secondo la Lista reale sumerica. Figlio della dea Ninsun e del re di Uruk Lugalbanda, è considerato per due terzi Dio e per un terzo uomo da una tradizione letteraria del periodo di Ur III (fine del 3° millennio), ma è già ricordato come dio nell'onomastica di Fara (metà del 3° millennio).

GINGLIMO: In anatomia, diartrosi munita di movimento a 'cardine' che si compie, cioè, in un piano solo.

GINOIDE: Che ha somiglianza con qualche carattere somatico femminile.

GIOVARE: A. Recare utilità, beneficio, essere vantaggioso; **B.** Usato impersonalmente, giova, serve, è utile.

GIRANDOLARE: Girare qua e là senza un fine determinato, girellare, aggirarsi.

GIUGGIOLA: A. Il frutto del giuggiolo: un cartoccio di giuggiole. **B.** ant. Pasticca impastata con decotto di giuggiole, già usata per rimedio contro la tosse.

GIUMENTA: La femmina dell'asino, del mulo o di altra bestia da soma; anche, in passato, la cavalla da sella.

GIUNCHIGLIA: Pianta delle amarillidacee (Narcissus jonquilla), con fiori gialli, molto profumati, detti anch'essi giunchiglie, e foglie cilindriche.

GIURISDIZIONE: In senso ampio, la competenza e la facoltà di applicare le leggi, che si concreta nell'attività dello stato diretta all'attuazione della norma giuridica nei casi particolari.

GLABRO: Del viso dell'uomo, privo di barba, senza peli, liscio.

GLOMERULO: In botanica, gruppo di fiori che nell'insieme formano una palla: è quasi sempre un'infiorescenza a cima con gli assi e i peduncoli molto ridotti.

GLOMERULONEFRITE: In patologia, sinon. del più com. nefrite.

GLUCONEOGENESI: Sintesi biologica del glucosio a partire da sostanze diverse dai carboidrati, il cui scopo è quello di contribuire a mantenere pressoché costante la concentrazione ematica di glucosio.

GNOCCA: 1. Organo sessuale femminile. **2.** estens. Ragazza bella e vistosa.

GNOSTICISMO: Nella storia delle religioni, il complesso di dottrine e di movimenti spirituali sviluppatosi in età ellenistico-romana, coevo al cristianesimo antico e talora in stretto contatto con questo, che considera la salvezza spirituale e la beatitudine dipendenti dalla gnosi, intesa non come conoscenza desunta dall'esperienza o suscettibile di dimostrazione razionale, bensì come conoscenza rivelata dei misteri divini e dell'ineffabile grandezza di Dio.

GOGNA: Collare di ferro che si poneva stretto alla gola dei rei esposti alla berlina.

GOLOSO: Ghiotto, avido di cibi raffinati e ricercati o in genere di determinati cibi.

GORGOGLIARE: Rumoreggiare, come fa un liquido che esce a tratti da una stretta apertura, o l'acqua che bolle, o un corso d'acqua le cui onde, passando fra i sassi o urtando contro un ostacolo, si agitano formando piccoli gorghi.

GORGONIA: In zoologia, genere di antozoi dell'ordine gorgoniacei.

GRACILE: Di persona (e più spesso di bambini o di fanciulle), magro, delicato, di costituzione fisica debole e poco resistente alla fatica e ai disagi.

GRADUATO: Distribuito, ordinato per gradi, che procede per gradi, o, più spesso, diviso in gradi.

GRANCIPORRO: Nome di varie specie di granchi, in partic. di Cancer pagurus, commestibile, che può raggiungere notevoli dimensioni.

GRANELLA: 1. Massa dei chicchi di grano o di altri cereali, separati dalla paglia dopo la trebbiatura. **2.** fig. Decorazione per pasticceria costituita da pezzetti di cioccolato, mandorle, nocciole.

GRAVITAZIONALE: Che si riferisce alla gravitazione: campo che, propagandosi nel vuoto a velocità pari a quella della luce, induce nei corpi materiali che investe una distribuzione di sforzi di tipo tensoriale la cui direzione giace nel piano ortogonale alla direzione di propagazione (tale fenomeno è previsto dalla teoria della relatività generale e non ha ancora ricevuto definitiva conferma sperimentale).

GRATTUGIA: Arnese da cucina, di lamiera o altro metallo (oggi anche di materiale plastico), leggermente curvo nella sua forma tradizionale (o anche a superficie piana), a buchi grossolani con punte rilevate, su cui vengono sfregati, per essere ridotti in briciole, pane, formaggio, buccia di limone, ecc.

GRAZIOSO: Che ha in sé grazia, che piace per la sua grazia.

GRETTO: Di persona eccessivamente tirata nello spendere, più per meschinità d'animo che per attaccamento al denaro.

GRIMALDELLO: Tondino di ferro ritorto a una estremità, usato al posto della chiave per aprire o forzare serrature.

GRUFOLARE: Del porco, spingere innanzi il muso grugnendo e cercando il cibo.

GRULLO: Sciocco, semplicione; si dice soprattutto di persona che ha scarsa vivacità d'intelletto e di chi per eccessiva ingenuità si lascia facilmente ingannare o agisce a proprio svantaggio.

GUACAMOLE: Salsa di origine messicana a base di avocado, il cui uso risale al tempo degli Aztechi.

GUITTO: Meschino, che vive miseramente, ma più per sordidezza e trascuratezza che per vera povertà.

Capitolo 8 - Lettera I

Una delle più grandi tragedie nella vita è perdere il proprio senso di sè e accettare la versione di sè stessi che si aspettano gli altri.

K.L. Toth

ICASTICO: Che descrive, rappresenta o ritrae nei tratti essenziali, e quindi in modo efficace e spesso asciutto, tagliente.

IDIOSINCRASIA: Patologica reattività, di natura non allergica o immunitaria, nei confronti di alcune sostanze (farmaci, alimenti ecc.).

IDROCARBURI: Composti chimici costituiti da carbonio e idrogeno.

IDROREPELLENTE: In chimica organica, genericamente ogni gruppo di atomi di natura idrocarburica che non ha affinità per l'acqua. Tali gruppi sono presenti nelle molecole delle sostanze tensioattive, impermeabilizzanti, negli agenti flottanti.

IGROSCOPICO: In fisica e chimica, detto di sostanza che, esposta all'aria, è capace di assorbirne l'umidità, cioè l'acqua allo stato di vapore in essa presente, sia perché entra con questa in combinazione chimica sia per semplice adsorbimento.

ILLIBERALE: Che ha l'animo non disposto alla liberalità, alla generosità.

ILLUMINOTECNICA: La parte della fisica tecnica che si occupa delle questioni attinenti all'illuminazione appropriata degli ambienti.

IMBACUCCARE: Coprire la testa o anche la persona con indumenti varî, infagottare.

IMBELLE: Propr., inetto alla guerra, ma di solito usato con sign. estens., fiacco, debole, vile.

IMBIANCHINO: Operaio o artigiano specializzato che esegue lavori di imbiancatura, coloritura, tinteggiatura, di superfici murarie mediante pennello o pompa irroratrice.

IMPELLENTE: Che spinge a un'azione o verso un effetto, che dà impulso a qualche cosa.

IMPERLARE: Adornare di perle. Più spesso fig., cospargere di goccioline

IMPETTITO: Di persona che tiene il busto rigido e il petto sporgente in fuori, soprattutto quando tale atteggiamento sia espressione di boria, di tracotanza o ostentazione d'autorità.

IMPILABILE: Di oggetto, costruito in maniera tale da poter essere sovrapposto ad altri uguali in modo da formare una pila, per risparmiare spazio.

IMPROPERIO: Propr., rimprovero; in questa accezione, è usato soltanto nel linguaggio eccles., al plur., gli improperî (ma più spesso nella forma latina, gli improperia), i versetti che si cantano durante l'adorazione della Croce il venerdì santo, e nei quali si esprimono, con frasi d'ispirazione biblica, i rimproveri del Signore al popolo ebraico, infedele, contrapponendo i benefici fatti da Dio al suo popolo alle sofferenze inflitte al Cristo nella Passione.

INPRONTA: Segno che lascia un corpo impresso su un altro.

INAPPETENTE: Che soffre d'inappetenza; che è svogliato nel mangiare, sia abitualmente sia per indisposizione passeggera.

INCAPSULARE: Mettere, rinchiudere in una capsula, rivestire di capsula.

INCESPICARE: Inciampare, restare impigliato o urtare coi piedi in qualche ostacolo mentre si cammina.

INCOMBENTE: Che sovrasta, imminente.

INCONSAPEVOLEZZA: L'essere inconsapevole, stato di chi è inconsapevole.

INCONTINENTE: Che non sa contenersi, che non si modera nel soddisfacimento dei proprî bisogni e appetiti e in partic. dei piaceri sessuali.

INDIGNARE: Muovere a sdegno, suscitare risentimento.

INDISPONENTE: Che provoca reazioni o atteggiamenti dichiaratamente sfavorevoli o ostili; irritante, urtante.

INDISSOLUBILE: Non dissolubile, che non si può sciogliere, generalmente in senso figurato.

INDUBITABILE: Di cui non si può dubitare.

INDULGENTE: Di persona che, per mitezza di carattere o per umana comprensione, è naturalmente disposta a perdonare, scusare e compatire, o che in casi particolari punisce con minore severità di quanto potrebbe o dovrebbe.

INECCEPIBILE: Non eccepibile; a cui non si può opporre alcun appunto, obiezione, censura.

INEFFABILE: Che non si può esprimere o manifestare con parole.

INESTRICABILE: Che non è possibile districare, sbrogliare.

INFICIARE: Nel linguaggio giuridico, invalidare, infirmare, rendere dubbia o sospetta la validità di un atto o di una asserzione.

INFIMO: Che è il più basso o che sta nel luogo più basso.

INFRASTRUTTURALE: Che si riferisce alla infrastruttura, o concorre a costituirla.

INGORDO: Smodato, eccessivamente avido, nel mangiare e (meno com.) nel bere, sia in genere sia relativamente a determinati cibi o bevande, ma sempre con riguardo alla quantità più che alla qualità, alla bontà, ai sapori.

INGRUGNARE: Tenere il grugno, cioè assumere nel volto un'espressione corrucciata, immusonirsi.

INNESTO: Operazione con cui si fa concrescere sopra una pianta (detta portainnesto o soggetto) una parte di un altro vegetale della stessa specie o di specie differenti (detto nesto o oggetto), al fine di formare un nuovo individuo più pregiato o più produttivo o più giovane.

INSANABILE: Che non può essere sanato, quindi inguaribile, incurabile, detto di malattie e più raramente di persone o animali.

INSAZIABILE: Che non riesce a saziarsi, che non si sazia mai.

INSENSATEZZA: L'essere insensato; qualità, condizione (abituale o anche occasionale, in relazione a fatti singoli) di persona insensata.

INSINUARE: Introdurre a poco a poco, e per lo più con cautela e destrezza.

INSITO: Posto dentro dalla natura stessa, quindi intimamente congiunto, radicato profondamente, ingenito, innato.

INSTRADAMENTO: L'atto, il fatto di instradare, e in qualche caso anche di instradarsi.

INSUBORDINAZIONE: Tendenza a essere insubordinato (in questo senso, più com. insubordinatezza); più spesso, il contegno di chi, anche in singole occasioni e con determinati atti, viola i doveri della sottomissione, le prescrizioni del regolamento, le norme disciplinari.

INSULSO: In senso proprio (non com.), di cibo o bevanda, senza sapore, insipido.

INSULTO: Grave offesa ai sentimenti e alla dignità, all'onore di una persona (per estens., anche a istituzioni, a cose astratte), arrecata con parole ingiuriose, con atti di spregio volgare (come per es. lo sputo, un gesto sconcio, ecc.) o anche con un contegno intenzionalmente offensivo e umiliante.

INTEMERATA: Discorso lungo o noioso, tiritera, filastrocca.

INTERCOSTALE: In anatomia, che sta fra due coste.

INTESTINO: In anatomia, tratto del tubo digerente che, nei vertebrati (specie umana compresa), segue allo stomaco e sbocca all'esterno con l'orifizio anale; ha la funzione di completare la digestione del cibo, di assorbire le sostanze nutritive e di eliminare quelle di rifiuto. Si divide morfologicamente in due segmenti: i. tenue, la porzione superiore, a sua volta distinta in duodeno, digiuno e ileo; i. crasso, la porzione terminale distinta anch'essa in tre parti, cieco, colon e retto.

INTINGOLO: Nome generico di ogni sugo, salsa, condimento liquido in cui si cuoce una pietanza, soprattutto la carne (per es., lo spezzatino) o anche verdure in umido, e la pietanza stessa così preparata.

INTONSO: Non tosato; detto di chi porta i capelli lunghi, mai tagliati o non tagliati da lungo tempo.

INTORMENTIRE: Togliere temporaneamente la sensibilità e il movimento di un arto, per freddo, per posizione scomoda, per colpo ricevuto su un nervo, per una pressione che ostacoli la circolazione.

INTRANSIGENTE: Che non transige, che si mantiene cioè irremovibile nelle proprie idee senza ammettere che altri possa pensare o agire diversamente, o che non tollera trasgressioni, deviazioni da un programma fissato, da una linea di condotta stabilita, da una regola imposta, sia come carattere e comportamento abituale, sia in relazione a fatti o settori determinati, sia anche come atteggianento occasionale.

INTRAPRENDENTE: Che ha prontezza nell'ideare e tentare imprese, anche rischiose, da cui può derivare utilità economica o d'altro genere; che è ricco d'iniziativa nel trovare espedienti e vie nuove.

INVETTIVA: Discorso polemico concitato e violento, di accusa, di oltraggio, di rimprovero, contro persone o cose.

INVOLUCRO: Ciò che involge un oggetto, costituendo per esso un rivestimento, un riparo, una custodia.

IPERBOLOIDE: In matematica, superficie del 2° ordine (o quadrica) a centro, dotata di infiniti punti reali, avente una conica impropria non degenere; può immaginarsi definita da due iperboli aventi un asse in comune e giacenti in piani perpendicolari e generata da una ellisse perpendicolare all'asse comune, mobile su di esso, che si appoggi alle due iperboli date.

IPERCHERATOSI: In medicina, ispessimento dello strato corneo dell'epitelio cutaneo o di una mucosa, diffuso o circoscritto in formazioni più o meno rilevate, dovuto a stimoli meccanici o a cause patologiche locali o generali, di tipo tossico, infettivo, infiammatorio.

IPERONIMO: In linguistica, unità lessicale di significato più generico ed esteso rispetto ad altre unità lessicali della stessa classe che sono in essa incluse.

IPERTENSIONE: pressione superiore alla norma. In medicina, l'eccessiva pressione esistente in determinate cavità o spazî organici contenenti liquidi o gas.

IPERTROFIA: In biologia, aumento di volume d'un organo o d'un tessuto, consecutivo a un aumento di volume degli elementi cellulari che li costituiscono, senza apprezzabili modificazioni di struttura.

IPERURANIO: Che sta sopra i cieli: mondo, spazio i. o, come s. m., con iniziale maiusc., l'Iperuranio, lo spazio al di là delle sfere celesti che, secondo un passo di Platone (Fedro, 247), sarebbe sede delle realtà assolute, e a cui tenderebbe la parte migliore dell'anima umana. In senso fig., letter., che supera i limiti della realtà materiale e della conoscenza umana; incorporeo, spirituale.

IPOCISTO: Genere (Cytinus) di piante fanerogame, della famiglia Citinacee, parassita sulle radici del cisto, caratterizzata da fiori biancastri o giallastri circondati da brattee vivacemente colorate di rosso o arancio.

IPOCONDRIACO: Nel linguaggio medico: **1.** Dell'ipocondrio: il fegato e la milza **2.** Caratterizzato da ipocondria.

IPOGEO: Sotterraneo; Che si trova o vive sotto la terra.

IPOVOLEMICO: Lo shock ipovolemico è lo stato di shock causato dalla diminuzione acuta della massa sanguigna circolante, causata da emorragia o da perdita di liquidi (ipovolemia).

IPPOCAMPO: In anatomia comparata, formazione del telencefalo dei vertebrati, pari e simmetrica (situata a semicerchio intorno all'ilo dell'emisfero cerebrale), che svolge una funzione di correlazione olfattoria.

IPPOGRIFO: Animale favoloso, in forma di cavallo alato con testa d'uccello, creato dalla fantasia di L. Ariosto nell'Orlando Furioso, dov'è così descritto: «Non è finto il destrier, ma naturale, Ch'una giumenta generò d'un grifo: Simile al padre avea la piuma e l'ale, Li piedi anteriori, il capo e il grifo; In tutte l'altre membra parea quale Era la madre, e chiamasi ippogrifo».

IPSOFILLO: In botanica, nome delle foglie apicali del fusto inserite tra i nomofilli e gli antofilli, come per esempio le brattee.

IRRANCIDIMENTO: Processo di alterazione subito dagli oli e dai grassi che acquistano odore e sapore sgradevoli.

IRRETIRE: In senso proprio, non comune, catturare con la rete.

IRRITAZIONE: L'atto di irritare una persona, di essere irritato, e più spesso lo stato della persona irritata, la stizza, l'eccitazione interna.

ITTERICO: Nel linguaggio medico, di ittero, relativo a ittero.

Iuta: Fibra tessile che si ricava dalla corteccia
macerata di piante erbacee annuali del genere
corcoro, coltivate in molti paesi tropicali e
subtropicali.

Capitolo 9 - Lettera L

Dentro, siamo tutti girasoli dorati

Allen Ginsberg

Laconico: Della Laconia, antica regione della Grecia, e in partic. di Sparta.

Lactobacilli: genere di batteri Gram-positivi anaerobi facoltativi o microaerofili di forma bastoncellare. In natura ne esistono almeno 60 specie e costituiscono la maggior parte del gruppo di batteri lattici, così chiamati in quanto la quasi totalità dei loro membri converte il lattosio e altri zuccheri in acido lattico mediante la fermentazione lattica.

Lagrangiano: Aggettivo che si riferisce o è dovuto al matematico G. L. Lagrange (1736-1813).

Lambire: Sfiorare con la lingua, leccare lievemente.

Lamellibranchi: In zoologia, classe di molluschi, sinon. di bivalvi.

Lampadario: Tipo di apparecchio per l'illuminazione artificiale (mediante lampadine o altre sorgenti luminose), caratterizzato dal fatto di essere appeso al soffitto o applicato a un'altezza tale da illuminare l'ambiente circostante dall'alto, e di essere concepito anche come ornamento dell'ambiente stesso.

LANGUORE: Stato di estenuazione e di abbattimento fisico e psichico, che si manifesta anche esternamente con un rilassamento della persona.

LANZICHENECCHI: Soldati delle fanterie mercenarie tedesche. Le fanterie mercenarie dei l. furono costituite nel 15° sec. in antitesi alle fanterie svizzere, da cui però mutuarono il sistema di schieramento; si portarono alla pari con le formazioni elvetiche per merito di Massimiliano I, che istituì e organizzò definitivamente questa milizia a piedi verso il 1493.

LAPALISSIANO: Ovvio, evidente, detto di una verità o di un fatto talmente manifesti e naturali che sarebbe ridicolo enunciarli.

LAPAROCELE: In medicina, protrusione dei visceri addominali dalla cavità in cui sono contenuti, attraverso una zona di minore resistenza della parete, di solito costituita da una cicatrice traumatica o operatoria.

LAPISLAZZULO: Antica denominazione del minerale lazurite, oggi usata per indicare un'associazione di varî minerali del gruppo della sodalite, in cui prevale la lazurite, e comprendente inoltre, come impurità, cristalli di calcite, pirosseni, anfiboli, mica, granuli di pirite.

LAUTO: Splendido, magnifico, abbondante.

LEDERE: Offendere, danneggiare, sotto l'aspetto morale o giuridico.

LEMBO: La parte estrema di una veste.

LEPRECANO: Sorta di gnomo tipico del folklore e della mitologia irlandese. La forma leprechaun del nome è la resa in inglese del termine irlandese leipreachán. Il sostantivo è talvolta tradotto in italiano con gnomo irlandese o, più genericamente, folletto.

LESINARE: Cercar di risparmiare il più possibile nello spendere, tirare sul denaro.

LESTOFANTE: Persona di pochi scrupoli, abile nell'ingannare altri con parole; imbroglione.

LIBAGIONE: Offerta rituale di sostanze liquide (vino, acqua, miele, latte ecc.), tipica della religione greco-romana. Essa era versata sull'altare o sotto l'altare o in fosse scavate nella terra o sul capo della vittima sacrificale o, infine, nel culto dei morti, sopra o dentro la tomba. Nei simposi si libava agli dei prima di cominciare a bere.

LIBECCIO: Vento umido, proveniente da sud-ovest, molto frequente nel Mediterraneo dove si presenta a raffiche violentissime.

LIBIDO: Termine usato in psicanalisi con accezioni diverse: in Freud è una forma di energia vitale che rappresenta sia l'aspetto psichico della pulsione sessuale (distinto dall'eccitamento sessuale come fatto fisiologico e presente in varie forme a seconda della zona erogena interessata) sia gli altri tipi di investimento e, più in particolare, l'investimento di un oggetto esterno (l. oggettuale) ovvero l'investimento di sé stessi (l. narcisistica o dell'IO).

LIBRARE: Pesare con la bilancia.

LICAONE: Carnivoro della famiglia canidi che vive nelle savane africane a sud del Sahara.

LINGOTTO: Blocco metallico ottenuto per solidificazione di una massa di metallo fuso (in particolare di acciaio), dopo la colata in apposita lingottiera, di cui assume forma e dimensioni.

LIOFILIZZAZIONE: Particolare metodo di essiccazione (detto anche crioessiccazione) in cui prima il materiale da essiccare viene congelato e poi per effetto dell'applicazione di un vuoto molto spinto il solvente passa direttamente dalla fase solida a quella vapore (sublimazione).

LOCOMOTIVA: Veicolo ferroviario munito di motore, atto a trainare su rotaie altri rotabili.

LOGORARE: Consumare a poco a poco, ridurre in cattivo stato per lungo o cattivo uso.

LOGORREA: Loquacità eccessiva, patologica, disturbo caratteristico degli stati di eccitamento maniacale. Per estens., scherz., verbosità irrefrenabile, di chi si compiace di parlare senza sosta, dilungandosi in modo noioso e inopportuno.

LOLLA: Prodotto costituito dalle brattee (glume e glumette) che avvolgono la granella dei cereali.

LOMBALGIA: In medicina, ogni dolore che, determinato da cause diverse, ha come punto d'insorgenza la regione lombare.

LOMBRICO: Nome comune degli Anellidi Oligocheti appartenenti alla famiglia Lombricidi, diffusa nelle zone temperate di tutto il mondo, che comprende specie per la maggior parte terrestri, poche acquatiche, con 8 setole in ciascun segmento, distribuite in serie longitudinali.

LOMBROSIANO: Che si riferisce allo psichiatra e antropologo Cesare Lombroso (1835-1909), alle sue teorie e alla sua opera.

LONGANIME: Di persona o comportamento che rivela animo generoso e comprensivo, disposto all'indulgenza e al perdono.

LOTO: Nome comune attribuito a varie piante, come Diospyros kaki (cachi), Nelumbo nucifera (comunemente detto fior di l.) e Zizyphus lotus. Il fior di l., pianta acquatica di origine asiatica, è spesso coltivata per i fiori rosei, di 25 cm di diametro e, nei luoghi d'origine, per i semi e i rizomi amiliferi, commestibili.

Lucciola: Nome comune di varî insetti coleotteri della famiglia lampiridi, caratteristici per l'emissione, attraverso organi fotogeni situati nella parte posteriore dell'addome, di segnali luminosi che servono come richiamo sessuale e sono continui nelle forme attere, intermittenti in quelle alate.

Lucculiano: Che si riferisce a Lucio Licinio Lucullo, uomo politico romano dell'ultima età repubblicana, soprattutto con allusione al suo fasto, che rimase proverbiale.

Luciferine: classe di composti eterociclici che emettono luce presenti in diversi organismi in cui si osserva bioluminescenza. Le luciferine subiscono una ossidazione catalizzata da un enzima che produce un intermedio instabile che decade emettendo luce.

Ludico: Attinente al gioco, al giocare, con partic. riferimento all'aspetto libero e gioioso del gioco, svincolato per lo più da regole.

Capitolo 10 - Lettera M

Noi perdiamo tre quarti di noi stessi per essere come le altre persone.

Arthur Schopenhauer

MACHIAVELLICO: Conforme alle dottrine di Niccolò Machiavelli, come sono state spesso interpretate, soprattutto in passato, ossia con enfasi particolare sul cinismo e sulla spregiudicatezza che sarebbero giustificati in un governante il quale persegua il fine della conservazione del proprio potere, concetto talvolta riassunto, piuttosto arbitrariamente, nell'espressione «il fine giustifica i mezzi».

MACULATO: Macchiato, picchiettato, screziato.

MAGNANIMO: Che ha e dimostra animo grande, cioè nobile e generoso.

MAGNATE: In senso generico, cittadino ragguardevole per autorità e potenza.

MAGNO: Sinonimo antico e letterale di grande.

MAGREBINO: Che appartiene o si riferisce al Magreb (arabo al-Maghrib), cioè all'Africa nord-occidentale.

MALCONCE: Di cosa, ridotta in cattivo stato, non più usabile, perché rotta o vecchia.

MALDESTRO: Inesperto, incapace; non abile.

MALDICENTE: Di chi, per malignità o per invidia o per leggerezza, ha l'abitudine di parlar male degli altri.

MALEDIZIONE: L'atto e le parole con cui si maledice, con cui cioè s'invoca su individui, gruppi, città, ecc. la condanna e la punizione della divinità.

MALLEABILE: Detto di metallo che presenta malleabilità.

MALLEOLO: In anatomia, ciascuna delle due prominenze ossee ben visibili al collo del piede, corrispondenti rispettivamente alla tuberosità dell'estremità inferiore della tibia, e a un'analoga formazione della fibula, più bassa e arretrata della precedente.

MALMOSTOSO: Voce regionale lombarda, ma entrata anche nel linguaggio comune e specificamente nell'uso giornalistico, che significa propriamente «che fa o dà poco sugo», e di qui, riferito a persona, musone, scontroso, intrattabile, sgarbato, scorbutico.

MANGUSTA: Nome di varî mammiferi carnivori viverridi appartenenti a diversi generi e distribuiti nelle zone aride, nelle savane e nelle foreste dell'Africa, del Madagascar, dell'Asia e dell'Europa meridionale.

MANIPOLAZIONE: L'insieme delle operazioni, di natura prevalentemente manuale, occorrenti per la preparazione di un prodotto formato di diversi ingredienti.

MANITOBA: Provincia del Canada (647.797 km2 con 1.148.401 ab. nel 2006); capoluogo Winnipeg.

MANOVELLISMO: Sistema articolato nel quale è presente una manovella.

MANTISSA: In matematica, m. di un numero reale x è il numero, sempre positivo e minore di 1, che bisogna aggiungere al più grande intero minore o uguale a x per ottenere x; la m. di un numero positivo è uguale alla sua parte decimale.

MARACUJA: Bacca commestibile di una pianta delle passifloracee delle regioni tropicali d'America da cui si ricava un gustoso succo, di recente commercializzazione in Italia; anche la pianta che produce tale bacca.

MASNADIERO: colui che uccide, principalmente in sobborghi squallidi.

MASSELLO: Nelle tecnologie meccaniche, massa di metallo lavorata al maglio, alla pressa o al laminatoio dopo riscaldamento. È un semilavorato, fucinato in barre a sezione geometrica regolare, di dimensioni superiori a 130 mm di lato o di raggio, sul quale si effettueranno ulteriori lavorazioni plastiche.

MASTICE: Resina prodotta per incisione del fusto e dei rami del lentisco, contenente vari acidi resinosi, principi amari, oli essenziali, ecc.

MASTODONTICO: Di, o da, mastodonte. È usato quasi esclusivamente in senso figurato nel significato di enorme, colossale, caratterizzato da dimensioni o statura molto superiori alla media.

MATRIOSKA: Caratteristica bambola di legno (un tempo chiamata baba, propr. «contadina»), molto comune come giocattolo e soprammobile nei territorî russi e di lì diffusa anche nei paesi limitrofi, raffigurante una florida contadina russa in abito vivacemente colorato con ampia gonna e fazzolettone in testa; è in realtà costituita di una serie di bambole, di forma all'incirca ovoidale e di figura simile ma di dimensioni diverse, che, contenute ciascuna nella cavità di quella immediatamente più grande, si possono via via estrarre in quanto tutte (tranne eventualmente la più piccola) composte di due metà innestate l'una sull'altra.

MATTANZA: Fase finale della pesca del tonno, particolarmente cruenta e impressionante, durante la quale i tonni pervenuti nella tonnara e giunti nell'ultimo compartimento della rete, la cosiddetta camera della morte, vengono agganciati con arpioni uncinati e uccisi con ripetute mazzate.

MAUSOLEO: Il termine, in origine attribuito alla magnifica tomba - considerata una delle sette meraviglie del mondo - del satrapo di Caria, Mausolo (4° sec. a.C.), è passato a indicare qualsiasi sepolcro monumentale generalmente contenente le spoglie di un importante personaggio, quali quelli di Augusto a Roma e di Galla Placidia a Ravenna, per l'Età antica, o quello di V.I. Lenin a Mosca per l'Età contemporanea.

MAZZANCOLLA: Nome romanesco e laziale dei gamberi commestibili della famiglia peneidi.

MEANDRO: Ognuna delle serpentine, o curve a forma di S, soggette a spostamenti, che certi fiumi formano scorrendo nel loro corso inferiore in piane alluvionali a leggera pendenza.

MEDIAZIONE: Azione esercitata da una persona (o anche da un ente, un'associazione, una collettività, una nazione) per favorire accordi fra altre o per far loro superare i contrasti che le dividono.

MEDITABONDO: Che sta in atto di meditare o che ha l'aspetto, l'atteggiamento di chi medita.

MELANINA: In biologia, nome generico di varî pigmenti neri o bruni elaborati da particolari cellule, dette melanociti, presenti nei tegumenti e nelle formazioni tegumentarie di vertebrati e invertebrati; nell'uomo è contenuta, sotto forma di granuli, nelle cellule dello strato basale dell'epidermide.

MELENSO: Di persona, che mostra inerzia dal punto di vista intellettivo, che è tarda nell'intendere e nell'agire, che alla scarsa intelligenza unisce lentezza di movimenti e goffaggine d'aspetto.

MELISSA: Genere di piante labiate, comprendente poche specie originarie dell'Asia e della regione mediterranea.

MELLIFLUO: Da cui scorre il miele, che stilla miele; comunemente solo in senso figurato, dolce, soave.

MELOLONTA: Genere di insetti coleotteri scarabeidi che comprende il maggiolino.

MENARCA: La prima mestruazione che segna l'inizio dell'attività ovarica e della vita riproduttiva della donna; l'età media di comparsa è tra i 10 e i 15 anni, influenzata da molteplici fattori: genetici, nutrizionali, climatici e così via.

MENINGE: Ciascuna delle membrane di rivestimento e di protezione, di natura connettivale, che circondano l'encefalo e il midollo spinale e che, essendo ricche di vasi sanguiferi, contribuiscono alla loro nutrizione.

MERLETTO: Tessuto leggerissimo e rado che si ottiene, a mano e a macchina, cucendo, annodando, intrecciando fili di ogni tipo, d'oro, d'argento, di seta, di cotone, ma più spesso di lino, usato soprattutto per confezionare o guarnire capi di biancheria femminile o da casa.

METEMPSICOSI: Credenza propria di alcune dottrine religiose, secondo cui dopo la morte del corpo l'anima trasmigra da questo a un altro, fino a che non si sia resa del tutto indipendente e libera dalla materia.

METEOROPATIA: Disturbo connesso con fenomeni meteorologici. Le m. possono essere legate a variazioni meteorologiche semplici o complesse.

METICOLOSI: Disturbo connesso con fenomeni meteorologici. Le m. possono essere legate a variazioni meteorologiche semplici o complesse.

METILAMINA: Nome generico di composto organico derivabile dall'ammoniaca per sostituzione di uno, due, tre atomi di idrogeno con radicali metilici.

MEZZANINO: Piano secondario di servizio (detto anche ammezzato) che in alcuni tipi di edifici del passato si trovava interposto tra il piano terreno e i piani sovrastanti (detti nobili), spesso ricavato nella differenza di altezza tra alcuni ambienti principali (androni, anticamere, sale di ricevimento) e gli ambienti minori di abitazione.

MIAGOLIO: Il verso di uno o più gatti che miagolano.

MICRAGNOSO: Che patisce di mancanza di denaro, misero; anche di chi, avendo soldi, non li vuol spendere per tirchieria; o di cosa fatta con tirchieria.

MILLANTARE: Vantare con molta esagerazione.

Minuzioso: Di persona che per coscienza, per scrupolo, per pedanteria, bada a tutte le minuzie, o che nella sua attività rivolge una cura attenta anche ai minimi particolari.

Mirtillo: Nome comune di varie piante appartenenti al genere Vaccinium (famiglia Ericacee), piccolo arbusto, diffuso nell'emisfero boreale, che in Italia vive sulle Alpi e gli Appennini centro-settentrionali, sino all'Abruzzo.

Misantropia: Avversione verso la società, che si manifesta nella ricerca della solitudine e nel rifiuto scontroso di ogni forma di socialità: è un atteggiamento dovuto sia a disprezzo e odio verso l'umanità nel suo complesso, sia a incapacità di prendere parte attiva alla vita. In taluni casi, pur non avendo per sé carattere patologico, può essere espressione di certe affezioni psichiche.

Misofobia: Paura morbosa di insudiciarsi o di contaminarsi a contatto di determinati oggetti, con conseguente sproporzionata attuazione di norme igieniche.

Misoginia: Atteggiamento di avversione generica o di repulsione per la donna. La misoginia, che si usa riferire indifferentemente agli uomini e alle donne, sarebbe da ricondurre, secondo la psicanalisi, a un conflitto omosessuale latente e va distinta dalla ginofobia, la cui origine è da ricercarsi nella fantasia maschile della castrazione.

MITOMANE: Persona affetta da mitomania, portata cioè alla fabulazione, a dare realtà alle creazioni della sua immaginazione, spesso vivendo in una realtà fittizia e cercando di imporre anche ad altri, come vere, situazioni puramente inventate.

MITOSI: In biologia, processo di divisione del nucleo delle cellule, detto anche cariocinesi.

MNEMONICO: Della memoria, che concerne la memoria.

MOLFETTA: Comune della prov. di Bari (58,2 km2 con 59.793 ab. nel 2008). È situata sull'Adriatico ed è formata da un piccolo borgo medievale intorno al porto e da una parte più vasta e moderna.

MOLIBDENO: Elemento chimico, di simbolo Mo, peso atomico 95,94, numero atomico 42, appartenente al sesto gruppo del sistema periodico; è un metallo di colore grigio argenteo, buon conduttore del calore e dell'elettricità, con proprietà meccaniche variabili secondo le condizioni di preparazione e dei trattamenti termici subiti.

MONOCROMATICO: Che ha un solo colore, che è rappresentato in chiaroscuro.

MONOLITE: Grosso blocco di pietra di un solo pezzo.

Mononucleosi: In medicina malattia acuta febbrile di origine virale, caratterizzata da peculiari segni ematologici, da tumefazioni linfoghiandolari, spesso da angina.

Mordente: Ogni sostanza atta a fissare, sotto forma di combinazione insolubile, le materie coloranti usate per la tintura di tessuti, pellicce, pelli, ecc.

Morsura: L'atto e l'effetto del mordere; morso, morsicatura.

Moscardino: Pasticca confezionata con muschio e altre droghe, che si usava far sciogliere in bocca per profumare l'alito.

Motteggio: Con significato concreto, battuta spiritosa, frase arguta e talvolta anche licenziosa.

Mucrone: 1. La punta della spada, del pugnale. **2.** In anatomia, l'apice del cuore.

Muflone: Mammifero bovide alto alla spalla circa 70 cm, originario della Corsica e della Sardegna, con pelo raso e rossiccio, più scuro in inverno, e con un paio di corna ad accrescimento continuo, molto sviluppate e ritorte nei maschi, notevolmente ridotte o assenti nelle femmine.

Mugghiare: In senso figurato, produrre rumori cupi e prolungati, detto del mare, del vento, del tuono.

MUGNAIO: Persona che esercita il mestiere di macinare grano o granaglie al mulino; proprietario o conduttore di mulino.

MULTIPLETTO: Nella spettroscopia atomica, gruppo di righe molto vicine tra loro, presenti nello spettro di varie sostanze e che possono essere separate solo attraverso uno spettroscopio di elevato potere risolutivo.

MUNIFICENTE: Che usa munificenza; munifico.

MUNIFICO: Di persona largamente generosa nello spendere e nel donare quanto possiede.

MUSICOLOGO: Studioso di musicologia.

Capitolo 11 - Lettera N

La natura non è altro che una poesia enigmatica.

Michel de Montaigne

NABUCODONOSOR: Secondo re dell'impero neobabilonese (604-562 a. C.), portò lo stato alla massima potenza. Si distinse come generale valoroso, sconfiggendo gli Egiziani nella battaglia di Carchemish (605). Salito al trono, continuò le campagne di guerra all'Occidente, sottomettendo la Palestina e conquistando Gerusalemme nel 586; d'altro lato, con abile politica di amicizia verso i Medi, del cui re sposò una figlia, si assicurò la tranquillità ai confini orientali.

NARVALO: Cetaceo del sottordine, lungo fino a 5 m, che vive nell'Atlantico settentrionale e nell'Oceano Artico.

NAUFRAGO: Chi ha fatto naufragio, riferito (nei momenti o nei giorni immediatamente successivi al naufragio stesso, o facendone la storia) sia a chi vi è perito, sia, più frequentemente, a chi è riuscito a scamparne.

NAUSEABONDO: Che eccita la nausea; spesso con uso enfatico, cattivo odore in genere.

NEBULIZZATORE: Apparecchio che consente la dispersione di un liquido, nell'aria o in altro gas, sotto forma di goccioline minutissime.

NERBORUTO: Muscoloso, vigoroso, robusto, riferito a persona o a parti del corpo umano.

NICHILISMO: Dottrina che si caratterizza per la totale negazione dei valori e dei significati elaborati dai diversi sistemi filosofici.

NINFEA: Genere di pianta acquatica della famiglia Ninfeacee; le foglie sono decidue o sempreverdi con lamine natanti ovali o subrotonde, fiori grandi bianchi, gialli, rosati, azzurri ecc.

Capitolo 12 - Lettera O

Di me stesso so solo quel tanto che riesco a capire nelle mie attuali condizioni mentali. E le mie attuali condizioni mentali non sono buone.

Douglas Adams

Obduzione: Nel linguaggio della medicina legale, esame del cadavere, effettuato prima del seppellimento.

Oberato: Presso gli antichi Romani, detto del debitore che, non potendo far fronte ai suoi obblighi verso il creditore, diveniva schiavo di questo.

Obliterazione: Cancellatura in uno scritto, annullamento di un francobollo o di una marca da bollo mediante timbro o altra impronta sovrapposta; convalida, e contemporaneo annullamento, del biglietto d'autobus, tram o altro mezzo di trasporto pubblico, mediante apposita macchina automatica.

Oblò: Piccola apertura circolare praticata sui fianchi e sulle sovrastrutture di una nave per dare luce e aria ai locali interni.

Obnubilamento: Nel linguaggio letterario e medico, annebbiamento, offuscamento, forte indebolimento.

OBOE: Strumento musicale a fiato, ad ancia doppia, dal timbro leggermente nasale e molto penetrante, costituito da un tubo di legno leggermente svasato all'estremità inferiore, munito di fori, la maggior parte dei quali può venire chiusa dall'esecutore mediante un sistema di chiavi.

OBOVATO: In botanica, si dice di organo (foglie, brattee, antofilli) con profilo simile a quello d'un uovo con la parte più larga in posizione distale (per es., i petali dei papaveri).

OCCHIELLO: Foro, spesso orlato o rinforzato con anello metallico, che viene praticato in tessuti, cuoi, cartoni, ecc., allo scopo di potervi passare legature, ganci di fibbie, lacci.

ODONATI: Ordine di insetti a metamorfosi incompleta, comunemente noti con il nome di libellule.

ODONTOIATRIA: Ramo della medicina che si occupa della patologia dei denti e della bocca e del relativo trattamento.

OFIDI: Famiglia di pesci teleostei che comprende specie dal corpo molto allungato, leggermente compresso; nel Mediterraneo vive il galletto, lungo fino a 30 cm, di colore carnicino bruniccio, con carni poco pregiate.

OFTAMOLOGIA: Branca della medicina che si occupa di prevenzione, diagnosi, riabilitazione e terapia sia medica che chirurgica delle malattie dell'apparato visivo, ossia dell'occhio e dei suoi annessi, della correzione dei vizi refrattivi (vizi di rifrazione o ametropia) e delle patologie visive correlate.

OGIVALE: Conformato a ogiva, cioè a sesto acuto.

OKINAWA: Gruppo delle isole Ryukyu (2263 km2 con 1.373.172 ab. nel 2007), in posizione intermedia tra le isole di Kyushu e Taiwan. Comprende le isole di Okinawa, Kume, Iheya, Izena, Ii, e il sottogruppo delle Kerama.

OLIGOMINERALE: Di acqua minerale con residuo fisso non superiore a 200 mg/l, indicata nella cura della calcolosi delle vie urinarie, della gotta, ecc.

OMEOPATIA: Dottrina medica elaborata da S.F.C. Hahnemann, agli inizi dell'Ottocento, basata sul concetto che la condizione di salute è dovuta a una 'energia vitale immateriale' che controlla armonicamente le interazioni tra le varie parti del corpo.

OMINIDI: Famiglia di mammiferi primati che comprende l'attuale specie umana (Homo sapiens) e altre specie estinte, note attraverso resti fossili e attribuite ai generi Ramapithecus, Australopithecus e Homo.

OMOTETIA: In matematica, particolare omografia tra due spazî affini o euclidei a n dimensioni (che nel caso del piano può essere considerata un'omologia

avente l'asse coincidente con la retta impropria),
tale che punti corrispondenti hanno dal centro, sul
quale sono allineati, distanze di rapporto costante, e
in cui rette corrispondenti sono parallele.

ONNICOMPRENSIVO: Che comprende, cioè che
abbraccia, tutto.

ONTA: Disonore, vergogna, sia conseguente ad
azione vile o disonesta commessa, a pena infamante
subìta, sia per grave affronto subìto da altri.

OPLITA: Nell'antica Grecia, il fante pesantemente
armato. Gli opliti si differenziavano dai peltasti,
armati alla leggera. L'armatura, che comprendeva
scudo, corazza di metallo o di cuoio guarnito di
metallo, schinieri, elmo, lancia e spada, s'impose
quando, abbandonato il poco maneggevole scudo
dei Micenei, fu necessario, a difesa dalle armi di
ferro, un insieme di elementi che proteggesse le
varie parti del corpo.

ORDALIA: Termine nato nel medioevo europeo per
indicare il «giudizio di Dio», e cioè ogni prova
rischiosa (per es., del duello, dell'acqua bollente o
fredda, del ferro rovente) alla quale veniva
sottoposto un accusato, e il cui esito, considerato
come diretta manifestazione della volontà divina,
era determinante per il riconoscimento
dell'innocenza o della colpevolezza dell'accusato
stesso.

ORITTEROPO: Specie di Mammifero Tubulidentato, unica rappresentante della famiglia Oritteropodidi, delle regioni aride dell'Africa subsahariana.

OSMOLARITÀ: In chimica fisica, la concentrazione di una soluzione espressa dal numero di osmoli di soluto presenti in un litro di soluzione.

OSMOSI: In fisica, fenomeno di diffusione tra due liquidi attraverso una membrana di separazione.

OSSIDATIVO: Di ossidazione: processo ossidativo.

OSTENTARE: Mettere intenzionalmente in mostra cose materiali, oppure qualità e sentimenti (anche non reali e non provati), allo scopo di suscitare l'attenzione, l'ammirazione, e spesso l'invidia, degli altri.

OSTEOPOROSI: Processo di rarefazione ossea con diminuzione della massa scheletrica senza una rilevante alterazione percentuale della componente minerale del tessuto osseo residuo.

OTTENEBRAMENTO: L'ottenebrare, e più spesso l'ottenebrarsi, soprattutto In senso figurato: o. della mente, della ragione.

OVATO: In botanica, si dice di un organo (foglie, brattee, antofilli) con profilo simile a quello d'un uovo con la parte più larga in posizione distale (per es., i petali dei papaveri). Se si tratta di un organo massiccio, si usa il termine ovoide.

CAPITOLO 13 - LETTERA P

Il tempo scoprirà quel che le pieghe dell'astuzia celano;
Prima copre i difetti, ma alla fine li svergogna.

William Shakespear - Re Lear

PADIGLIONE: Tenda da campo, di grandi dimensioni e riccamente addobbata, che un tempo si usava innalzare negli attendamenti militari e in quelli destinati a soste durante i viaggi, o in altre occasioni solenni, per servire di alloggio o di ritrovo a personaggi importanti.

PAGNOTTA: Pane di forma rotonda e di varia grandezza.

PALISSANDRO: Legno pregiato fornito da varie specie di papiglionacee appartenenti ai generi Dalbergia e Pterocarpus e adoperato per oggetti di lusso, strumenti musicali, intarsi ecc. È un legno duro, pesante, con alburno e durame ben differenziati per l'ampia gamma di colorazione, e riceve denominazioni specifiche a seconda della provenienza.

PALLINA: Piccola palla. In partic., piccola sfera, bilia di vetro colorato o d'altro materiale (celluloide, gomma, plastica e sim.) con cui giocano i bambini.

PALLORE: Il colore pallido, spec. del volto.

PANTAGRUELICO: Degno, proprio di Pantagruel, protagonista del romanzo Gargantua et Pantagruel di F. Rabelais (1494-1553), rappresentato come personaggio gigantesco e dotato di un formidabile appetito.

PAPAYA: Piantadella famiglia Caricacee, originaria dell'America tropicale e oggi coltivata nei paesi caldi di tutto il mondo per il frutto che è molto apprezzato.

PAPPAGORGIA: L'insieme dei tessuti molli, che nelle persone grasse pende tra il mento e il collo.

PAPPONE: 1. fam. Mangione. **2.** region., spreg. Sfruttatore di prostitute (cfr. magnaccia).

PARABOLANO: Chiacchierone, ciarlone, millantatore.

PARABOLOIDE: Ogni superficie del 2° ordine (quadrica), priva di punti doppi e tangente al piano all'infinito. La prima delle due proprietà esclude tutte le cosiddette quadriche degeneri che comprendono i coni, i cilindri e le quadriche costituite da una coppia di piani distinti o coincidenti; la seconda proprietà mette in luce una stretta analogia esistente tra il paraboloide e la parabola: come la parabola è tangente alla retta all'infinito, così il paraboloide lo è rispetto al piano all'infinito.

PARACETAMOLO: Composto organico di sintesi, $CH_3CONHC_6H_4OH$; si presenta in cristalli bianchi, pochissimo solubili in acqua fredda; è il maggior metabolita dell'anilina e della fenacetina. Usato ampiamente nella pratica medica per le sue proprietà antalgiche e antipiretiche, non causa disturbi gastrici e non induce emorragie.

PARALIPOMENI: Titolo che hanno nella versione greca dei Settanta i due libri dell'Antico Testamento intitolati Cronache nel testo ebraico.

PARALLASSE: Spostamento angolare apparente di un oggetto, quando viene osservato da due punti di vista diversi.

PARALLELEPIPEDO: In geometria, prisma delimitato da 6 parallelogrammi, a due a due uguali e paralleli.

PARALOGISMO: Termine filosofico che significa in genere ragionamento fallace. Viene di solito distinto dal sofisma, in quanto non gli è attribuito l'intento consapevole di ingannare argomentando che è invece considerato proprio del sofisma.

PARAPENDIO: Tipo speciale di paracadute, di tessuto leggero, di forma rettangolare con profilo ad ala, adoperato per uno sport di volo libero che ha lo stesso nome.

PAROSSISMO: L'acme di un processo morboso, durante il quale la sintomatologia si presenta con caratteri di maggior gravità.

PARSIMONIA: La qualità di chi è parco; moderazione, giusta misura nell'uso del denaro o di altri beni, per un senso di doverosa economia o per abituale frugalità di vita.

PARTENOGENESI: In biologia, tipo di riproduzione sessuale caratterizzato dal fatto che la cellula-uovo si sviluppa senza essere stata fecondata.

PASSIFLORA: Genere di piante passifloracee con circa 400 specie, per lo più dell'America tropicale, alcune delle quali note anche col nome di fiore della passione, per la somiglianza di alcune parti fiorali (stami, stili) con gli strumenti (martelli, chiodi) della Passione di Cristo.

PEANA: Canto lirico religioso dell'antica letteratura greca, di tradizione micenea, originariamente riservato al culto di Apollo e della sorella Artemide, poi esteso ad altri dèi olimpici e più tardi, attenuatosi il carattere cultuale, anche a personaggi illustri.

PECTINA: Nome generico di polimeri naturali ad alto peso molecolare relativo (fino a 400.000 almeno), solubili in acqua, contenuti in frutti, semi, radici carnose, ecc. dei vegetali superiori, e di alcuni in particolare.

PECULIARE: Singolare, particolare, proprio di una determinata cosa o persona (o di un insieme di cose o persone), oppure di una condizione o situazione, a confronto di altre.

PEDANTERIA: Atteggiamento, carattere di chi è pedante; precisione eccessiva e cavillosa.

PEDICELLATI: In botanica, detto di fiori provvisti di pedicello.

PEDICULOSI: Affezione cutanea parassitaria (detta anche ftiriasi) determinata da alcune specie di pidocchi, che si trasmettono per contatto diretto o mediato attraverso oggetti e indumenti, provocando un senso di prurito e conseguentemente tutte le lesioni da grattamento.

PEDISSEQUO: Nell'antica Roma schiavo che aveva l'incarico di scortare a piedi il proprio padrone; durante l'Impero, denominazione dei subalterni di diversi funzionar

PELTRO: Lega a base di stagno contenente il 4-6% di antimonio e l'1% di rame che le conferiscono durezza e sonorità; usata per oggetti artistici e religiosi (calici ecc.), per gli arredi da tavola e gli utensili da cucina.

PELUCHE: Stoffa di fibre naturali o artificiali con pelo molto lungo e morbido, usata per confezionare giacconi, cappelli ma soprattutto pupazzi e simili.

PENTAERITRITOLO: Composto chimico, di formula $C(CH_2OH)_4$, che si può pensare corrispondente al metano nel quale ai 4 atomi d'idrogeno sono sostituiti 4 gruppi metilolici. Si presenta in cristalli incolori, stabili, che si preparano condensando acetaldeide con formaldeide in presenza di catalizzatori.

PERCULARE: Deridere, sbeffeggiare, sfottere; beffare.

PERDIZIONE: Danno irreparabile, rovina materiale.

PERIANZIO: In botanica, l'involucro del fiore, dato dal complesso delle foglie fiorali sterili distinte in sepali e petali, che non producono spore; sono dette anche foglie perianziali o semafilli.

PERICOLANTE: Che è in pericolo, che minaccia di crollare, di rovinare.

PERINEO: In anatomia, l'insieme delle parti molli (prevalentemente muscolari e fibrose) che chiudono in basso il bacino.

PERIPATETICA: Prostituta di strada, passeggiatrice.

PERIPEZIA: Nella tragedia greca, l'improvviso e inaspettato mutamento della situazione da un determinato stato allo stato contrario.

PERISSOLOGIA: Nella retorica antica, inutile ripetizione di parole aventi lo stesso significato, e quindi espressione ridondante o pleonastica.

PERPLESSITÀ: L'esser perplesso; mancanza di risolutezza, di decisione.

PERSEVERANZA: Costanza e fermezza nel perseguire i proprî scopi o nel tener fede ai proprî propositi, nel proseguire sulla via intrapresa o nella condotta scelta.

PERTUGIO: Buco, fessura che si sono formati, accidentalmente o no, in un muro, in un terreno e simili.

PERVASIVO: Che tende a pervadere, a diffondersi in modo penetrante, così da prevalere o dominare.

PETOMANE: Uomo-fenomeno da circo o da teatro di varietà capace di fare peti a comando, modulandone la durata e l'intensità.

PIATTOLA: Altro nome comune, spec. in Toscana, della blatta o scarafaggio.

PICCHIETTIO: Il fatto di picchiettare su una superficie, di percuoterla cioè con colpi brevi e ravvicinati; più spesso, il suono o rumore dei colpi.

PINDARICO: Di Pìndaro, poeta lirico greco (518-438 a. C.), che è proprio di Pindaro e della sua opera, caratterizzata da una mirabile fusione del motivo mitico con l'intonazione morale e religiosa, o che si ispira, è conforme allo stile e all'arte di Pindaro.

PINGUE: Di persona, o di parte del corpo, che ha abbondanza o eccesso di tessuto adiposo, e quindi grasso, o molto grasso.

Pinzillacchera: Per lo più al plurale, pinzillacchere, cose di poco conto, bagatelle, sciocchezze.

Piovra: Nome con cui vengono indicati alcuni molluschi cefalopodi viventi nelle grandi profondità marine, comunemente ritenuti di forme gigantesche, che possono raggiungere i 20 m di lunghezza e il peso di 2 o 3 quintali.

Piperita: In botanica, menta p., la menta coltivata che viene utilizzata per l'estrazione dell'essenza, costituita per lo più di mentolo.

Pisello: In botanica, genere di papiglionacee comprendente poche specie erbacee annuali o perenni, con foglie pennate terminanti con un cirro; i fiori, solitarî o in racemi ascellari con pochi fiori, sono bianchi o variamente colorati.

Pistillo: In botanica, elemento fiorale delle angiosperme costituito da un solo carpello o da più carpelli concresciuti.

Pitocco: Accattone, mendicante.

Pittoresco: Raro, che si riferisce ai pittori o alla pittura. Come locuz. avv., alla pittoresca, al modo dei pittori.

Platessa: Nome di un pesce simile alle sogliole.

Pleonastico: Di pleonasmo, che costituisce pleonasmo. Con uso estensivo, e figurativo, anche di atti e comportamenti che si ritengono inutili, superflui, non necessari.

PLEROMA: Nella dottrina gnostica, la totalità degli eoni che costituiscono la pienezza dell'essere e della realtà (e pensiero) divino; si contrappone all'irrealtà della materia.

PLEURA: In anatomia, ognuna delle tuniche sierose che rivestono ciascun polmone e gli permettono di scorrere con relativa facilità sulle pareti della gabbia toracica.

PLICO: Insieme di carte di varia natura, disposte, piegate o no, in una busta o in un pacco.

POLIGLOTTA: Di persona che conosce e parla più lingue.

POLPA: La parte carnosa del corpo umano e animale; nell'uso com. odierno, è frequente soprattutto con riferimento ad animali macellati, per indicare la carne (detta anche magro) senza ossa e senza grasso.

POLPETTA: Vivanda di carne tritata, condita e impastata con varî ingredienti, compressa a forma di pallottola schiacciata, fritta oppure cotta in tegame nel sugo.

POMELLO: La parte alta della gota, più rilevata e tondeggiante, che corrisponde allo zigomo.

POMPA: Genericamente, macchina operatrice destinata a sollevare o comunque a spostare liquidi o aeriformi, tramite organi meccanici animati da moto rotatorio (giranti) oppure da moto rettilineo alternativo (stantuffi), e operanti in ambiente chiuso, tra un condotto di aspirazione e uno di mandata.

POMPOSO: Sfarzoso, fastoso, appariscente.

PORTULACACEE: Famiglia di piante dicotiledoni che comprende una ventina di generi con alcune centinaia di specie, per lo più erbacee annuali e poche fruticose, nella maggioranza originarie del Nord America e delle Ande: hanno foglie grasse stipolate, fiori poco appariscenti e riuniti più spesso in infiorescenze, con calice dimero e corolla di 4-6 petali liberi o concresciuti alla base; il frutto è una capsula.

POSTILLA: Breve annotazione al testo, scritta a mano da uno studioso o dall'autore stesso sui margini o fra le righe di un'opera manoscritta o stampata, per esprimere osservazioni di vario genere, chiarimenti, opinioni critiche, ecc.

PREAMBOLO: Proemio, prefazione, introduzione di un discorso, di una trattazione, di un'opera.

PRECIPITEVOLISSIMEVOLMENTE: In contesti scherz., in modo estremamente precipitevole; considerata la parola più lunga della lingua italiana, costituente da sola un endecasillabo, è citata spesso nel motto proverbiale: Chi troppo in alto sal, cade sovente Precipitevolissimevolmente.

PRIVATIZZAZIONE: Il privatizzare, l'essere privatizzato.

PROCRASTINARE: Differire, rinviare da un giorno a un altro, dall'oggi al domani, allo scopo di guadagnare tempo o addirittura con l'intenzione di non fare quello che si dovrebbe.

PROCTOLOGIA: In medicina, branca della gastroenterologia volta allo studio dell'intestino retto, che si avvale di peculiari tecniche d'indagine.

PROEMIO: Parte introduttiva di un'opera, di un poema, di un'orazione, di un discorso.

PROFICUO: Che dà profitto, che si dimostra utile e vantaggioso.

PROIBITIVO: Che tende a proibire, che ha forza d'impedire.

PROMONTORIO: In geografia fisica, penisola o lingua di terra dal rilievo più o meno accentuato, con fianchi ripidi, protendentesi nel mare.

PROPIZIATORIO: Che è rivolto a rendere propizia, a placare la divinità.

PROSOPOPEA: Figura retorica per cui si introducono a parlare persone assenti o defunte, o anche cose inanimate, astratte, come se fossero presenti, vive, animate.

PROTOTIPO: Primo esemplare, modello originale di una serie di realizzazioni successive, costruito, per lo più artigianalmente, nella sua grandezza normale e suscettibile di collaudi e perfezionamenti, su cui è basata poi la costruzione in serie.

PROTUBERANZA: Sporgenza che si forma su una superficie per escrescenza, rigonfiamento o altre cause.

PSEUDOLOGIA: Nel linguaggio medico, malattia mentale considerata in passato come affine alla paranoia, caratterizzata dalla formulazione di racconti immaginarî.

PSICHEDELICO: Termine con cui è stato indicato il cosiddetto effetto di «allargamento della coscienza» indotto dall'assunzione degli allucinogeni, principalmente l'LSD, consistente in uno stato di particolare tensione emotiva con allucinazioni e fenomeni di evasione dalla realtà.

PSICHICITÀ: Il complesso delle manifestazioni della psiche di un individuo.

PTERODATTILO: Genere di rettili fossili dell'ordine pterosauri, sottordine pterodattiloidei.

PTOSI: In medicina, abbassamento di un organo dalla sua sede normale, e in particolare degli organi addominali (rene, stomaco, intestino, ecc.) che si spostano in basso, per rilasciamento o allungamento dei mezzi fissatori legamentosi.

Pudico: Che rivela pudore, sia con riferimento a persone, sia con riferimento a sentimenti, parole, atti che rivelano pudore, pudicizia.

Puerile: Di fanciullo, che è proprio dei fanciulli.

Pulicaria: Nome regionale toscano della pianta detta comunemente psillio.

Pullulamento: L'atto, il fatto di pullulare, in senso proprio o estens. e fig.

Pullulare: Di piante, germogliare, mettere i germogli.

Pusillanime: Vile, pavido, meschino, privo di volontà e di forza d'animo.

Capitolo 14 - Lettera Q

Ci sono volte in cui, indipendentemente dal metabolismo che si ha, si è costretti a trarre comunque un respiro profondo.

Douglas Adams

QUALORA: Quando e se, nel caso e nel momento che, con valore temporale e insieme ipotetico, e con il verbo sempre al congiuntivo.

QUARANTADUE: (gergale) Un esempio di numero scelto a caso (dalla Guida galattica per l'autostoppista, dove il quarantadue è la Risposta alla Domanda Fondamentale sulla Vita, l'Universo e Tutto Quanto).

QUERCIA: Nome delle piante del genere Quercus, famiglia fagacee, che comprende specie legnose per lo più arboree, con foglie a nervatura pennata e lamina lobata o dentata, meno frequentemente con margine intero.

QUIDDITÀ: Termine usato dalla filosofia scolastica per designare il carattere essenziale, il quid, che fa essere una cosa quella che è.

QUINQUENNIO: Spazio di cinque anni.

QUINTILIONE: Numero del sistema decimale, di rara utilizzazione, corrispondente, nell'uso italiano moderno, francese e americano, a 1018 (cioè a un miliardo di miliardi), e nell'uso italiano meno recente, inglese e tedesco, a 1030.

QUISQUILIA: 1. Imperfezione, impurità. **2.** Minuzia, inezia, cosa di nessun conto.

Capitolo 15 - Lettera R

La condivisione di una gioia fa di un uomo un vero amico

Friedrich Nietzsche

RABARBARO: Nome di una cinquantina di piante poligonacee, appartenenti al genere Rheum: sono erbe perenni, originarie delle regioni temperate e subtropicali dell'Asia, con grosso rizoma, fusti alti anche più di 4 metri, foglie basali molto grandi, ricche infiorescenze con piccoli fiori e frutto ad achenio.

RABBUFFO: Rimprovero molto aspro, fatto con intonazione sdegnata o con parole minacciose.

RADAGAST: personaggio di Arda, l'universo immaginario creato dallo scrittore inglese J. R. R. Tolkien. Viene menzionato da Gandalf nei romanzi Lo Hobbit e Il Signore degli Anelli, oltre che ne Il Silmarillion e nei Racconti incompiuti.

RAGGRINZIRE: Rendere grinzoso, corrugare fortemente.

RAGGUARDEVOLE: Di persona, degno di riguardo, di rispetto, di considerazione. Di cosa, considerevole per qualità o quantità.

Ragionevole: Che possiede la facoltà di ragionare, dotato di ragione.

Ramanzina: Sgridata, rimprovero d'intonazione morale, che ha soprattutto lo scopo di far ravvedere.

Rancido: Di olio, di sostanze che hanno subìto un processo di irrancidimento, acquistando quindi odore e sapore aspro e sgradevole.

Rancoroso: Pieno di rancore, che sente e serba rancore.

Ravanello: Pianta annua o bienne del genere, alta da 20 a 100 cm, con radice tuberizzata, globosa, ovale o allungata; esternamente è di colore rosso carminio, tutta o solo nella metà superiore, e bianca nella inferiore, o completamente bianca, e all'interno bianca, di sapore piccante; viene mangiata cruda, come contorno o in insalata.

Refuso: In tipografia, errore di composizione o di stampa prodotto dallo scambio o dallo spostamento di una o due lettere, o segni, causato spesso da errata collocazione dei caratteri nella cassa, o da errore del tastierista o da difetto meccanico. In senso lato, errore tipografico in genere, o anche di fotocomposizione.

Reiterazione: L'azione di reiterare, il fatto di venire reiterato.

REMINISCENZA: Il ricordarsi in modo vago e impreciso di una cosa quasi dimenticata.

REPENTINO: Subitaneo, istantaneo, improvviso, riferito soprattutto a fenomeni naturali e fatti fisici.

RESILIENZA: Nella tecnologia dei materiali, la resistenza a rottura per sollecitazione dinamica, determinata con apposita prova d'urto.

RESIPISCENTE: Che prova in sé o dimostra resipiscenza.

RETICENZA: Il tacere volontariamente notizie o circostanze che si potrebbero o si dovrebbero dire.

RESTIO: Che si rifiuta di muoversi e di procedere o di obbedire, riferito spec. ad animali da sella e da tiro.

RETICOLATO: Nell'arte militare, ostacolo passivo costituito da un intreccio di robusto filo di ferro spinato, variamente assicurato a paletti di ferro o di legno infissi nel terreno, o anche da grovigli di filo spinato ammassati sul terreno, o infine da elementi mobili costituiti da cavalletti a crociera di ferro o di legno, intorno ai quali sono avvolte molte e variamente intrecciate spire di filo di ferro spinato.

RICONCILIAZIONE: L'azione di riconciliare, il fatto di riconciliarsi.

RICONFIGURAZIONE: Nuova o diversa configurazione di qualcosa che era già stato configurato.

RIFOCILLARE: Ristorare con cibi e bevande, spec. riferito a persona affamata o stanca.

RIGOROSO: Di persona, che si comporta, che agisce con rigore, soprattutto in senso morale e intellettuale. Di cosa fatta, stabilita, condotta con rigore.

RIMARCHEVOLE: Degno di rilievo, notevole, importante.

RIMBROTTO: Rimprovero brusco e insistente.

RINGALLUZZIRE: Far diventare vivace, ardito e allegro come un galletto.

RIPUGNANTE: Che contrasta, che si contrappone o discorda decisamente.

RISTORAZIONE: Servizio di confezione e distribuzione di pasti completi per comunità o gruppi numerosi di persone.

RIVERENZA: Sentimento di profondo e quasi timoroso rispetto.

ROCAMBOLESCO: Di Rocambole ‹rokãbòl›, proprio o degno di Rocambole, l'audace e spregiudicato protagonista dei romanzi d'appendice avventurosi dello scrittore francese P.-A. Ponson du Terrail (sec. 19°).

RODODENDRO: Genere di piante ericacee, con alcune centinaia di specie fruticose o arboree, comprese anche le piante comunemente chiamate azalee;

vivono soprattutto nelle regioni fredde, e in particolare sulle montagne dell'emisfero settentrionale.

ROTACISMO: In linguistica, passaggio di un suono a r: per es., il passaggio a r di s intervocalica nel latino antico (feria da fesia, Papirius da Papisius).

Capitolo 16 - Lettera S

I libri sono le armi più potenti del mondo.

Doctor Who

Saccente: Di persona che tende presuntuosamente a far mostra di ciò che sa o crede di sapere, che non perde occasione per intervenire su ogni argomento, ostentando in modo sussiegoso e irritante un sapere, spesso superficiale e, talvolta, anche presuntuoso.

Salamella: Tipo di salame a base di carne suina, generalm. piccante, a forma di ferro di cavallo, che si consuma fresco o dopo breve stagionatura.

Salnitro: Nome comune del nitrato di potassio (KNO3). A temperatura ambiente è un solido cristallino, incolore, solubile in acqua. È usato per la produzione della polvere nera, dei fiammiferi e dei fuochi d'artificio, oppure come conservante alimentare e come fertilizzante.

Sartorio: In anatomia umana, muscolo della regione anteriore e laterale della coscia, esteso dalla spina anteriore e superiore del bacino alla parte interna della estremità superiore della tibia. Contraendosi, fa assumere all'arto inferiore la posizione tipica dei sarti, quando appoggiano una gamba sulla coscia dell'altro arto per sorreggere la stoffa che imbastiscono.

Sassuolo: Comune della prov. di Modena (38,7 km2 con 41.521 ab. nel 2008, detti Sassolesi). La cittadina è situata a 121 m s.l.m. allo sbocco in pianura del fiume Secchia (attraversato qui da un grande ponte), presso la sua sponda destra. Centro industriale, con impianti per la lavorazione delle ceramiche (piastrelle), metalmeccanici e alimentari (lavorazione delle carni suine, fabbricazione del liquore 'sassolino').

Sbrindellare: Ridurre a brandelli; lacerare.

Scabrosità: L'esser scabroso: la s. di una parete rocciosa; anche in senso fig.: la s. di un carattere, dello stile, di una prosa.

Scafandro: In marina: L'apparecchio e l'insieme degli indumenti impermeabili di vario tipo usati dai palombari per immergersi a lavorare sott'acqua.

Scaffale: Elemento di arredamento, mobile o fisso, in legno, metallo o altro materiale, costituito da una serie di ripiani orizzontali sovrapposti l'uno all'altro sui quali si dispongono libri e oggetti vari.

Scaletta: Piccola scala; in partic., scala fissa stretta e con pochi gradini, o scala portatile di non grandi dimensioni.

SCALMANATO: Sudato e trafelato per il caldo o per lo sforzo.

SCATOLAME: Generi alimentari conservati in scatola.

SCHEMATIZZAZIONE: Il fatto, l'opera di schematizzare.

SCHIOPPO: Nome con cui erano genericamente indicate le prime armi da fuoco ad avancarica, costituite da una canna metallica di ferro o bronzo, chiusa all'estremità posteriore e provvista di un foro (focone), attraverso cui si dava fuoco alla carica di lancio con un ferro rovente, successivamente con una miccia, che lo schioppettiere doveva tenere accesa durante il combattimento.

SCIAMANNATO: Disordinato, sciatto negli abiti, nella persona e nel portamento.

SCIAPO: Variante di sciapido, scarso di sale o di sapore.

SCIROPPO: Soluzione concentrata di zucchero in acqua, usata per conservare frutta fresca (pesche, pere sotto o allo sc.) o, in unione a sostanze aromatizzanti o a succhi di frutta, per preparare bibite (sc. al tamarindo, sc. di lamponi); nella tecnica farmaceutica viene usato per mascherare il sapore sgradevole di alcuni preparati e mantenerne inalterate le proprietà farmaceutiche (sc. per la tosse; sc. ricostituente). Nella tecnica saccarifera, soluzione saccarifera concentrata, ma non satura, in circolo nelle varie fasi della lavorazione.

SCISTO: In petrografia, nome generico (anche roccia scistosa) di una roccia metamorfica caratterizzata da una disposizione regolare, in piani grossolanamente paralleli, dei componenti minerali lamellari o fibrosi, che le conferisce una più o meno facile divisibilità secondo tali piani, detti perciò piani di scistosità.

SCOIATTOLO: Nome di varie specie di roditori della famiglia sciuridi, di medie dimensioni, arboricoli e diurni, con corpo slanciato, muso appuntito, occhi e orecchie grandi, lunga coda rivestita di pelo folto, tenuta rivolta verso l'alto.

SCOLARESCA: L'insieme degli scolari che frequentano una scuola, spec. quella elementare e in genere della fascia dell'obbligo; anche, il complesso degli scolari che compongono una classe.

SCOLOPENDRA: In zoologia, genere di chilopodi della famiglia scolopendridi, a larga diffusione; nel bacino mediterraneo è comune la specie Scolopendra cingulata, lunga fino a 10 cm, che vive sotto le pietre, e la cui ghiandola velenosa (posta sui piedi mascellari), produce nell'uomo infiammazione e dolore locale.

SCONCERTANTE: Che causa uno stato di turbamento, di disorientamento, di perplessità, di sorpresa.

SCORBUTICO: Di scorbuto, relativo allo scorbuto: sintomi s.; manifestazioni scorbutiche.

Scroto: In anatomia, sacco cutaneo contenente i testicoli, situato nello spazio delimitato dalla radice delle cosce, tra il perineo e il pube, diviso in due parti da un setto mediano.

Scurrile: Che ha, esprime o contiene una comicità buffonesca, sguaiata, volgare.

Secernere: Termine tecnico della biologia animale e vegetale, con cui si designa la funzione propria delle ghiandole di elaborare ed emettere determinate sostanze.

Sedile: Qualsiasi oggetto fatto apposta per potersi sedere, che può essere sia un mobile con sostegni appoggiati a terra, sia una struttura fissa fermata a terra o alle pareti, da servire a una o a più persone.

Selva: Associazione vegetale di alberi spontanei su un'estensione notevole di terreno, e il terreno da questa occupato.

Semipermeabile: Che presenta permeabilità selettiva, ossia permette il passaggio di alcune sostanze e impedisce il passaggio di altre. In partic., in chimica, membrana s., quella che, disposta tra una soluzione e un solvente puro, sia suscettibile di essere attraversata soltanto dal solvente e non dal soluto.

Sempreverde: Piante s., piante legnose con foglie persistenti durante tutto l'anno e quindi anche d'inverno (nei climi temperati), e che talvolta si mantengono per qualche anno di seguito, mentre la defogliazione ha luogo progressivamente e lentamente, in generale al momento dello sviluppo delle gemme e non in corrispondenza dei cambiamenti climatici.

SEQUOIA: Nome di piante taxodiacee del Nord America appartenenti a due generi con una sola specie ciascuno: a) la tipica sequoia o s. gigante o albero mammut, che vive nella Sierra Nevada tra i 1500 e i 2500 m di altitudine ed è rigorosamente protetta; b) la sequoia chiamata dagli Americani redwood che vive lungo le coste del Pacifico, dalla California all'Oregon merid., dove cresce, con distribuzione discontinua in piccole aree, beneficiando delle nebbie provenienti dal mare.

SERENDIPITÀ: La capacità o fortuna di fare per caso inattese e felici scoperte, spec. in campo scientifico, mentre si sta cercando altro.

SESQUIPEDALE: In senso proprio, i mattoni con lato di un piede e mezzo usati dagli antichi Romani.

SESSILE: In botanica, di organo che s'inserisce direttamente su un altro, senza essere sorretto da una parte ristretta; per es., foglie s. sono quelle senza picciolo, fiori s. quelli senza peduncolo.

SETACCIARE: Far passare attraverso un setaccio una sostanza polverulenta o granulare, per raffinare, per separare le parti più sottili da quelle più grosse o anche per separare alcuni elementi mescolati nella massa.

Sfacciataggine: L'essere sfacciato, riferito soprattutto a persone e al loro comportamento.

Sfenoide: In anatomia, osso impari, mediano, simmetrico, che fa parte della base del cranio, costituito da un corpo cuboideo e da tre coppie di appendici: le grandi e le piccole ali che hanno direzione trasversale, e le apofisi pterigoidee che presentano direzione verticale; la faccia superiore del corpo presenta una solcatura trasversale, su cui poggia il chiasma dei nervi ottici, e una escavazione in forma di sella, detta sella turcica, occupata dalla ghiandola ipofisi.

Sfolgorante: Che diffonde o riflette una viva o addirittura abbagliante luminosità; splendente, fulgido.

Sgabuzzino: Stanza molto piccola e per lo più senza finestra, adibita generalm. a ripostiglio, a locale di sgombero.

Siderale: Delle stelle, degli astri; con significato specifico in alcune locuzioni dell'astronomia.

Siffatto: Propriamente, fatto così, fatto in tale modo.

SIFILIDE: Malattia infettiva, a decorso cronico intermittente, provocata da un microrganismo, detta anche lue.

SIGILLO: Impronta ottenuta su un supporto malleabile (cera, ceralacca, metallo) mediante l'apposizione di una matrice recante figure o segni distintivi di un'autorità, di un ente, di una persona.

SILENTE: Letteralmente: immerso nel silenzio; non disturbato da alcun rumore.

SILLABAZIONE: L'atto e il modo di sillabare.

SILLOGISMO: Termine filosofico con cui Aristotele designò la fondamentale argomentazione logica (più propriam. chiamata sillogismo perfetto o categorico), costituita da tre proposizioni dichiarative connesse in modo tale che dalle prime due, assunte come premesse, si possa dedurre una conclusione.

SIMMETRIZZAZIONE: L'atto o l'operazione di rendere simmetrico, di disporre seguendo un criterio di simmetria, e la disposizione stessa o corrispondenza di parti così ottenuta.

SIMPOSIO: La seconda parte del banchetto presso gli antichi Greci e Romani, nella quale i commensali bevevano secondo la prescrizione del simposiarca, cantavano carmi conviviali, recitavano poesie, assistevano a trattenimenti varî e conversavano.

Sinapsi: In neurofisiologia, il punto di contatto funzionale fra due cellule nervose o, più esattamente, fra la terminazione neuritica dell'una e il pirenoforo, un dendrite o il neurite dell'altra, al fine di garantire il passaggio dell'eccitamento da un neurone all'altro e in una sola direzione.

Sincope: Nel linguaggio medico, sospensione, per lo più transitoria, della coscienza, provocata da improvvisa carenza a livello cerebrale di ossigeno e di glicosio (per crisi acuta di ipotensione arteriosa, per turbe circolatorie cerebrali, per alterata funzionalità cardiaca, ecc.).

Sinecura: Beneficio ecclesiastico senza obbligo di uffizî e di cura spirituale di fedeli.

Sinergia: Azione combinata e contemporanea, collaborazione, cooperazione di più elementi in una stessa attività, o per il raggiungimento di uno stesso scopo o risultato, che comporta un rendimento maggiore di quello ottenuto dai varî elementi separati.

Sinestesia: Nel linguaggio medico, termine abitualmente adoperato per designare il fenomeno psichico consistente nell'insorgenza di una sensazione (auditiva, visiva, ecc.) in concomitanza con una percezione di natura sensoriale diversa e, più in partic., nell'insorgenza di una immagine visiva in seguito a uno stimolo generalm. acustico (audizione colorata), ma anche tattile, dolorifico, termico.

SINGOLETTO: In fisica, riga spettroscopica isolata. Estensivamente, il termine è usato, in riferimento ad atomi o a particelle subatomiche, in contrapposizione a multipletto, per indicare uno stato non degenere, non costituente cioè una sovrapposizione di più stati in qualche modo separabili.

SINTOMATICO: n medicina: Che riguarda i sintomi, che costituisce un sintomo, che è indizio di una malattia.

SMANCERIA: Atto, modo di fare lezioso; effusione esagerata e svenevole.

SMANDRAPPATO: Di persona mal vestita, male in arnese; è l'equivalente dial. di altri agg. come sbrindellato, scalcinato, scalcagnato;

SMARGIASSO: Chi si vanta di qualità che non ha e di poter fare cose di cui non è capace; spaccone, fanfarone.

SMERIGLIATRICE: Macchina per effettuare la smerigliatura, In grado cioè di operare una consistente asportazione di materiale, mediante organi (nastri, dischi, ecc.) che fanno da supporto solido, non rigido, alle polveri abrasive.

SOFISMA: In filosofia, ragionamento apparentemente valido ma non concludente perché contrario alle leggi stesse del ragionamento; o anche ragionamento che, pur partendo da premesse vere o verosimili e rispettando le leggi del ragionamento, giunge a una conclusione inammissibile, assurda.

SOLILOQUIO: L'atto di parlare tra sé, di esprimere a voce più o meno alta i proprî pensieri pur sapendo che non vi è nessun interlocutore o ascoltatore.

SOLIPSISTA: Chi aderisce alla teoria o alle posizioni proprie del solipsismo. Per estens., in usi letter. o elevati, chi ha un atteggiamento di soggettivismo estremo, o chi non vede che il proprio mondo, ignorando o trascurando quello degli altri.

SOLLAZZO: Piacere, divertimento (come sentimento o come cosa che procura divertimento).

SOLLECITARE: are pressione, insistere presso altri perché facciano al più presto quanto avevano promesso o si erano impegnati a fare, o quanto si era loro richiesto; è riferito sia alla persona o all'ente cui ci si rivolge.

SOPPALCO: Piano di servizio ricavato dalla suddivisione totale o parziale di ambienti in genere di notevole altezza, mediante strutture orizzontali intermedie.

SOPRAFFAZIONE: L'azione e il fatto di sopraffare.

Sopruso: Atto con cui, abusando della propria forza e autorità, s'impone ad altri la propria volontà, ledendo i loro legittimi diritti e interessi.

Soqquadro: Grave disordine, scompiglio. È usato quasi esclusivam. nell'espressione mettere a soqquadro, mettere sottosopra, in grande disordine e scompiglio.

Sordido: Sporco, sudicio, disgustoso.

Sotterfugio: Modo ingegnoso di sottrarsi a un pericolo o a un danno; per estensione, espediente, stratagemma, raggiro basato sulla menzogna, sulla reticenza o sull'inganno, a cui si ricorre per conseguire un fine più o meno lecito senza compromettersi.

Sovraesposizione: Nelle riprese fotografiche o cinematografiche, esposizione per un tempo di posa superiore al valore ottimo; nell'immagine l'eccessiva luminosità di alcune parti rende irriconoscibile i dettagli.

Spaiato: Di parti appartenenti ciascuna a un diverso accoppiamento o paio; scompagnato.

Spasmodico: Che dà spasimo, o che è provocato da spasimi.

Spazzolino: Genericam., piccola spazzola destinata a usi diversi, in partic. alla pulizia dei denti e delle unghie.

SPIEGAZZARE: Far prendere delle grinze o delle brutte pieghe a fogli o oggetti di carta, a biancheria e indumenti; sgualcire.

SPINELLO: Voce gergale, usata originariamente da carcerati per indicare la sigaretta fatta a mano con la cartina (o anche con carta qualsiasi) e poco tabacco. Nell'uso odierno, sigaretta confezionata artigianalmente con droga leggera, cioè con marijuana.

SPIRALE: Che si avvolge a spire.

SPONGIFORME: In medicina, di organo interno che per ragioni patologiche o degenerative abbia assunto aspetto spugnoso.

SPORADICO: In medicina, di malattie che si manifestano in luoghi e ambienti diversi, in forme di limitata frequenza e diffusione.

SPRANGA: Sbarra di ferro o di legno, a sezione circolare o rettangolare, usata come elemento di chiusura, di rinforzo o di collegamento.

SPREGIUDICATAMENTE: Senza pregiudizi, imparzialmente, spassionatamente, equamente.

SPROLOQUIO: Discorso prolisso, enfatico e inconcludente.

SQUILIBRIO: Mancanza di equilibrio, di equilibramento.

STACCIONATA: Tipo di recinzione (detto anche steccato, stecconato o stecconata) usato soprattutto nelle campagne e costituito da assi di legno disposte su una o più file orizzontali sovrapposte, e sostenute da pali verticali infissi nel terreno. Nei campi sportivi e di corse, delimita le piste e gli spazî riservati alle competizioni e quelli destinati al pubblico.

STANDARDIZZAZIONE: L'azione, l'opera di standardizzare, il fatto di venire standardizzato.

STANTIO: Di alimento che, per essere stato conservato troppo a lungo e male, ha perso la freschezza e ha acquistato odore e sapore sgradevoli, vicini al rancido o all'ammuffito.

STANTUFFO: Organo meccanico di sezione circolare che scorre con moto rettilineo alternativo nell'interno di un cilindro, per ricevere (macchine motrici) o esercitare (macchine operatrici) una spinta nei confronti del fluido contenuto nel cilindro, assicurando nello stesso tempo la tenuta del fluido per mezzo di guarnizioni e fasce elastiche.

STECHIOMETRIA: Termine con cui originariamente si indicava la parte della chimica che s'interessa delle leggi secondo le quali gli elementi si uniscono per formare i varî composti, e con cui oggi è indicato il settore che studia le relazioni numeriche fra elementi e composti, le proporzioni secondo le quali gli elementi si combinano, e le quantità di elementi o di composti che prendono parte a una reazione chimica o che si formano in essa.

STEREOLITOGRAFIA: Tecnologia in grado di generare le forme di oggetti reali utilizzando direttamente i dati elaborati da un programma CAD di tipo tridimensionale e senza l'impiego di macchine utensili.

STERNOCLEIDOMASTOIDEO In anatomia, robusto muscolo che attraversa in diagonale la regione laterale del collo, prendendo inserzione in alto sulla mastoide, in basso sullo sterno e sulla porzione della clavicola prossima a quest'osso: contraendosi, ha le funzioni di flettere, far ruotare e inclinare la testa.

STIPSI: Disturbo (detto nell'uso com. stitichezza) consistente nella diradata e insufficiente evacuazione fecale, dovuta a un rallentato transito del contenuto del grosso intestino.

STIPULARE: Concludere un contratto; stendere nelle debite forme, in presenza delle parti, il documento che attesta la conclusione del contratto.

STITICHEZZA: Grande lentezza e stentatezza nel produrre opere letterarie o artistiche.

STORMO: Nell'aeronautica, unità operativa fondamentale costituita da uno o più gruppi della medesima specialità (bombardieri, caccia intercettori, antisom ecc.) in grado di assolvere un preciso compito nell'area assegnata.

STRAORZARE: Nel linguaggio marinaresco, di nave che viene bruscamente all'orza, cioè che accosta nella direzione del vento.

STRIATURA: Con significato concreto, insieme di strie o strisce che segnano una superficie; anche, una singola stria o striscia.

STRUGGIMENTO: L'atto dello struggere o dello struggersi; l'essere, il venire strutto, cioè sciolto.

STUCCARE: Applicare sulla superficie di un oggetto, con una spatola flessibile, dello stucco per livellarla e renderla uniforme riempiendo i vuoti e gli interstizî, e lisciandola quindi con carta vetrata, come preparazione per la tinteggiatura, verniciatura, lucidatura.

STUOIA: Grosso tessuto costituito da elementi vegetali (canne lacustri, giunchi, sparto, foglie di palma, ecc.) intrecciati o diversamente legati gli uni agli altri, usato come tappeto, come rivestimento di pareti, come tendaggio per riparo dal sole, e sim. In tipi più rozzi, la stuoia si usa in agricoltura per proteggere dalle intemperie certe piantagioni, per proteggere provvisoriamente opere in corso o costituire coperture di strutture temporanee, come impianti stagionali e installazioni campestri.

STURALAVANDINI: Arnese per sturare i lavandini: può consistere sia in una grossa ventosa di gomma con manico di legno ovvero a soffietto, che, premuta più volte sullo scarico del lavandino e poi lasciata libera, determina nel tubo di scarico un alternarsi di pressioni e depressioni, il cui effetto è di rimuovere il materiale ostruente; sia in una pompa a stantuffo, ad aria o ad acqua, o in una spirale metallica, ecc.

SUBDOLAMENTE: Ipocritamente, ambiguamente, equivocamente, falsamente, viscidamente.

SUBLIME: Altissimo, più elevato di ogni altro.

SUBORDINATO: Che dipende da altro fatto o elemento, che è in stretta relazione con il verificarsi di determinate condizioni.

SUCCUBE: Che si lascia dominare da altri, che non ha la forza e la capacità di far valere, contro le imposizioni altrui, la propria volontà e personalità.

SUDICIO: Cosparso, ricoperto, macchiato di sostanze e cose che imbrattano o che comunque compromettono la pulizia e l'igiene.

SUNTO: Compendio, esposizione abbreviata, per sommi capi, orale o scritta; riduzione di un testo in forma più breve.

SUPERSTITE: Che sopravvive o è sopravvissuto ad altri, o è scampato a una sciagura, a un evento in cui altri hanno trovato la morte.

Capitolo 17 - Lettera T

Conoscere una lingua apre le porte della saggezza

Roger Bacon

TACCAGNO: Eccessivamente tirato nello spendere; avaro, spilorcio.

TACHIMETRO: Strumento per la misurazione di velocità: il t. dell'auto, della moto, e in genere di un veicolo, per misurarne la velocità di avanzamento in base alla velocità angolare delle ruote.

TALASSOCRAZIA: Dominio del mare, potere che si appoggia sulla signoria dei mari, e anche il complesso dei fattori che costituiscono il potere marittimo; il termine è usato soprattutto con riferimento alle grandi potenze che esercitarono tale potere nell'epoca classica.

TAMARINDO: Albero delle leguminose cesalpinioidee (Tamarindus indica) originario dell'Africa orientale tropicale, diffuso poi con la coltura in Arabia, India, Cocincina e anche nelle Antille: può raggiungere quasi 30 m di altezza, ha chioma folta, foglie paripennate con foglioline numerose, oblunghe, fiori in grappoli, zigomorfi con 3 petali sviluppati, porporini con screziature gialle e rosse, e frutto indeiscente.

TAPPEZZERIA: Tessuto o altro materiale con analoga funzione (carta da parati, fogli o pannelli sottili di plastica o di legno, ecc.) adoperato per l'arredamento interno di ambienti di edifici (tende, cortine, portiere), per il rivestimento, pratico o decorativo, di pareti interne di ambienti o di mezzi di trasporto, o come copertura esterna di alcuni mobili.

TARASSACO: Genere di piante composite liguliflore con una sessantina di specie che crescono nelle regioni fredde e temperate, particolarmente dell'emisfero boreale.

TASSIDERMIA: La tecnica di preparare a scopo scientifico, soprattutto per i musei di scienze naturali, le pelli degli animali in modo da rendere possibile la conservazione, e di imbottirle dando loro l'aspetto e l'atteggiamento degli animali vivi.

TASSONOMIA: Nelle scienze naturali, termine usato spesso come sinon. di sistematica, attualmente però adoperato in modo più preciso per indicare lo studio teorico della classificazione, attraverso la definizione esatta dei principî, delle procedure e delle norme che la regolano.

TAUMATURGIA: Il fatto e la capacità di operare miracoli.

TAUROMACHIA: Termine che nell'uso greco indicò prob. uno spettacolo consistente in un combattimento di tori tra di loro, e che modernamente si usa per indicare il combattimento e la tecnica di combattere con i tori, soprattutto con riferimento alla corrida.

TAUTOLOGICO: Di tautologia, che ha carattere di tautologia, o costituisce una tautologia.

TAVERNELLO: marchio registrato di un vino da tavola prodotto dall'azienda Caviro, con sede centrale a Faenza, pubblicizzato e commercializzato attraverso le catene della grande distribuzione.

TELENCEFALO: In embriologia, una delle cinque vescicole cerebrali dei vertebrati, che compare molto precocemente, in forma di due evaginazioni laterali, anteriori, del prosencefalo.

TEMERARIO: Che si espone a un pericolo senza necessità e senza riflessione, con un comportamento sconsiderato e imprudente.

TEMPERAMATITE: Arnese (detto anche temperalapis o temperino), adoperato per fare la punta alle matite, costituito da un corpo variamente sagomato, dotato di un foro conico, nel quale si inserisce una estremità della matita, e da una piccola lama affilata fissata tangenzialmente alla parete del foro stesso; con la rotazione della matita si provoca il taglio del legno che riveste la mina, il quale viene eliminato sotto forma di truciolo continuo.

TEMPOREGGIARE: Indugiare, prendere tempo in attesa che giunga il momento favorevole per agire o che la situazione si risolva da sé.

TEMPURA: Piatto della cucina giapponese, diffuso anche in Europa, costituito da una frittura di verdure diverse, pesce, molluschi e gamberetti, cotti in un olio leggero.

TEOBROMINA: In chimica organica, il principale alcaloide dei semi di cacao (che ne contengono circa l'1,5%), dai cui gusci si ottiene per estrazione con solvente.

TERGIVERSARE: Cercare di eludere una questione, o di rinviare una decisione, evitando di esprimere chiaramente il proprio parere, di far conoscere le proprie intenzioni, di assumere responsabilità.

TERMOSIFONE: Sistema di riscaldamento degli ambienti di un edificio o di una parte di esso, costituito da una caldaia a gasolio, a gas di città o a metano, e da un complesso di tubazioni e di radiatori in cui circola acqua calda o vapore.

TERSO: Perfettamente pulito, lucente o limpido, tanto da riflettere o da lasciare trasparire nitidamente le immagini.

TESTINO: In tipografia, nome dato in passato a un carattere di stampa molto minuto, distinto in t. maggiore (corrispondente all'attuale corpo 8) e t. minore (il corpo 7).

Tetralogia: Nell'antica Grecia, insieme di quattro drammi, cioè tre tragedie (trilogia) e un dramma satiresco (in luogo del quale poteva essere presentata una tragedia a lieto fine).

Tetraplegico: Relativo a tetraplegia: sindrome t.; come sost., persona colpita da tetraplegia.

Tillandsia: Genere di piante bromeliacee con alcune centinaia di specie dell'America tropicale, subtropicale e temperato-calda, escluse le regioni a piogge equatoriali.

Tondo: Di forma circolare, cilindrica, sferica, o tendente a tale forma.

Topinambur: Pianta erbacea perenne delle composite, originaria dell'America, coltivata in Italia e in varie parti d'Europa, detta anche elianto, girasole tuberoso, patata o girasole del Canada, tartufo di canna, tartufolo.

Toponomastica: Studio fondamentalmente linguistico dei toponimi o nomi di luogo, sotto l'aspetto dell'origine, della formazione, della distribuzione, del significato, ecc.

Tornello: Dispositivo girevole a crociera che permette il passaggio di una persona alla volta attraverso uno sbarramento, per l'accesso a locali pubblici o di servizio pubblico.

TORPEDINIERE: Nella marina da guerra dell'Ottocento, barca t., imbarcazione destinata all'impiego delle torpedini ad asta e poi dei siluri.

TOSSICO: Velenoso, dotato di tossicità.

TOTALITARIO: Della totalità, che si riferisce alla totalità, cioè a tutte senza eccezione le persone o cose considerate.

TOURETTE: disordine neurologico che esordisce nell'infanzia scomparendo spesso durante l'adolescenza, caratterizzata dalla presenza di tic motori e fonatori incostanti, talvolta fugaci e altre volte cronici, la cui gravità può variare da estremamente lievi a invalidanti.

TOVAGLIOLO: Capo di biancheria da tavola, generalm. di forma quadrata e dello stesso tessuto e stesso colore della tovaglia cui si accompagna, che si tiene a tavola steso sulle ginocchia e si usa per asciugarsi e pulirsi le labbra.

TRANSATLANTICO: 1. Che è situato di là dall'oceano Atlantico. **2.** Grande e veloce nave da passeggeri che, nel periodo tra le due guerre mondiali e fino agli anni '60 del Novecento, era destinata soprattutto alle rotte atlantiche colleganti l'Europa con l'America

TRANSGENICO: Si dice di organismo nel quale sono stati inseriti, per mezzo di tecniche di biologia molecolare, geni provenienti da un altro organismo di specie diversa, o eterologo. Il materiale genetico così modificato è definito DNA ricombinante.

TRANSIGENZA: Disposizione a transigere, a venire a patti e accomodamenti.

TRANSUMANZA: Complesso delle migrazioni stagionali su largo raggio territoriale, e con accentuato dislivello verticale, con cui animali di grossa o media taglia si spostano dalle regioni di pianura alle regioni di montagna e viceversa.

TRAPEZIO: Quadrilatero con due lati paralleli (basi) e gli altri due non paralleli (lati obliqui), che possono essere uguali tra loro (t. isoscele), o disuguali (t. scaleno), oppure uno perpendicolare alle basi e quindi uguale all'altezza (t. rettangolo).

TRASCENDENTALE: In senso generico, che trascende, cioè va oltre, supera certi limiti, un certo grado, un certo ordine.

TRASECOLARE: Essere fuori di sé per grande meraviglia o stupore. È usato per lo più in espressioni enfatiche, spesso scherzosamente.

TRASLAZIONALE: In fisica, relativo a traslazione, in partic. nell'espressione oscillazioni t., quelle che avvengono con moto traslatorio.

TRASMUTAZIONE: L'azione di trasmutare, il fatto di venire tramutato o di trasmutarsi; trasformazione, mutamento, cambiamento.

TRICERATOPO: Genere estinto di dinosauri ornitischi del periodo cretaceo superiore dell'America settentrionale: comprende una decina di specie lunghe fino a 8 metri, di cui due spettanti al cranio.

TUBARE: Dei colombi e delle tortore, emettere piccole grida gutturali, durante il corteggiamento.

TUBERCOLOSI: Malattia infettiva e contagiosa dell'uomo e di alcuni animali (soprattutto bovini, e altri a sangue caldo), provocata da uno schizomicete parassita, della specie Mycobacterium tuberculosis, comunem. noto come bacillo di Koch.

TUNDRA: Denominazione geografica delle regioni circumpolari, in partic. di quelle artiche, e della loro vegetazione caratterizzata dall'assenza di formazioni vegetali arboree; il clima è rigido, con precipitazioni molto scarse (200-300 mm all'anno), temperatura media del mese più caldo 5-10 °C.

TURPILOQUIO: Il parlare con un linguaggio osceno, triviale, sboccato, o comunque contrario alla decenza.

TURSIOPE: Genere di cetacei della famiglia delfinidi, la cui specie più nota è Tursiops truncatus, chiamato anch'esso tursiope o, meno spesso, tursio, largamente diffuso in tutti i mari e comune anche nel Mediterraneo, lungo circa 4 m, di colore grigio, con muso corto e mascella inferiore leggermente più lunga di quella superiore, facilmente riconoscibile in acqua per la pinna dorsale appuntita e ricurva; vive in piccoli branchi formati da circa 10-20 individui.

Capitolo 18 - Lettera U

*In ogni passeggiata nella natura l'uomo riceve
molto di più di ciò che cerca.*

John Muir

Ubicazione: La situazione topografica di un immobile
(edificio, stabilimento, aeroporto, ecc.), per lo più in
relazione con la situazione urbanistica generale.

Ubiquità: L'essere contemporaneamente in ogni
luogo, detto di Dio e di alcuni santi che ebbero da
Dio questa facoltà.

Uggiosità: Il fatto, la condizione di essere uggioso.

Ukulele: Strumento musicale tradizionale delle isole
Hawaii, diffuso sia come solista sia nei complessi di
più strumenti: è una specie di chitarra con manico
piuttosto lungo, con quattro corde di acciaio di
accordatura varia, pizzicate con un plettro, dalla
caratteristica sonorità lievemente nasale, dolce e
malinconica.

Umanitarismo: Il complesso delle idealità e delle
intenzioni proprie di chi è umanitario; il fatto di
ispirarsi a principî e di tendere a fini umanitari.

Umanoide: Oggetto d'apparenza umana costruito
artificialmente; talora, anche, primate i cui modi di
comportamento sono molto vicini a quelli

dell'uomo. Nella letteratura fantascientifica, essere extraterrestre d'aspetto simile agli esseri umani.

UNGUEALE: In anatomia comparata, dell'unghia, relativo all'unghia.

UPUPA: Uccello dell'ordine coraciformi, unica specie della famiglia Upupidae, diffuso in Europa, Asia, Africa e Madagascar, migratore e nidificante in Italia; ha becco lungo, sottile, curvato in basso, piumaggio di color cannella-rosato, con fasce bianche e nere, ciuffo erettile sul capo, formato da lunghe penne.

Capitolo 19 - Lettera V

La vita non è quella che si è vissuta, ma quella che si ricorda e come la si ricorda per raccontarla

Gabriel García Márquez

Vacuolo: Nel linguaggio scientifico e tecnico, ciascuna delle piccole cavità che si trovano nell'interno di un materiale (naturale o artificiale) a costituzione porosa o spugnosa:

Vaiassa: Serva, fantesca.

Vanaglorioso: Pieno di vanagloria.

Vanesio: Scioccamente fatuo e vanitoso, detto di persona che, volendo ostentare le proprie presunte qualità fisiche o intellettuali (bellezza, eleganza, spirito, ecc.), rivela soltanto la propria effettiva vuotezza e stupidità.

Vanga: Attrezzo agricolo che serve a preparare il terreno per le colture, rivoltandolo e sminuzzandolo per una profondità di 15-20 cm.

Vaniloquio: Discorso vano, vuoto, inconcludente, o perché futile e frivolo, o perché gonfio, ampolloso.

Vasectomia: In chirurgia, resezione parziale, o totale, dei dotti deferenti; rappresenta un metodo di sterilizzazione maschile e a tale scopo è stato praticato soprattutto in India nel quadro di un vasto programma di limitazione delle nascite.

Vattelapesca: Propriamente: "vattelo a pescare", equivalente a 'e chi lo sa?'; frequente in espressioni d'incertezza, dubbio, ignoranza assoluta.

Veemenza: Violenza, impeto travolgente.

Velleità: Nel linguaggio filosofico o più elevato, volontà imperfetta, e perciò inefficace e vana, o desiderio che non riesce a definirsi in volontà. Nell'uso corrente, aspirazione, desiderio o proponimento che non hanno effettive possibilità di realizzazione, in quanto non sussistono per lo più capacità adeguate o la volontà e l'impegno necessari.

Vertere: Di controversia, giudiziaria o extragiudiziaria, pendere, essere in corso.

Vertiginoso: Nel linguaggio medico, che è caratterizzato da vertigine, che si presenta con vertigine.

Vespasiano: Nome dato comunemente agli orinatoi pubblici a forma di garitta o di edicola; deriva dal cognome dell'imperatore romano Tito Flavio Vespasiano, per avere questi, secondo la testimonianza di Svetonio, messo una tassa sugli orinatoi, a carico dei fullones (lavatori di panni) che ne ricavavano ammoniaca necessaria per il loro mestiere.

Vezzeggiare: Fare vezzi, trattare amorevolmente, con carezze e moine, con complimenti e particolari attenzioni.

Viltà: Il fatto, la condizione e la caratteristica di avere scarso valore e pregio.

Vindice: Che vendica o rivendica, vendicatore.

Virgulto: Arbusto con rami sottili e numerosi; anche rimessiticcio, pollone.

Vituperare: Coprire di vituperi, infamare; biasimare, rimproverare gravemente.

Vituperazione: L'azione di vituperare, il fatto di venire vituperato.

Vulva: In anatomia, l'insieme degli organi genitali esterni femminili, che appare come una superficie lievemente rilevata, situata nell'ambito del perineo anteriore.

Capitolo 20 - Lettera W

Sono convinto che l'origami sia il segreto della pace nel mondo perché quando usiamo le nostre mani per piegare, non pensiamo alla distruzione

Akira Yoshizawa

Wyoming: Stato federato degli USA (253.326 km2 con 532.668 ab. nel 2008), nel Nord-Ovest; capitale Cheyenne. A Sud si estendono le estreme propaggini settentrionali delle Rocciose meridionali, cui seguono verso Nord il vasto bacino dell'Ovest, e verso Nord-Est una grande catena a ferro di cavallo, costituita dai monti Absaroka e Bighorn, racchiudenti l'omonimo bacino.

CAPITOLO 21 - LETTERA X

Guardate le stelle invece dei vostri piedi. Cercate di dare un senso a ciò che vedete e interrogatevi sull'esistenza dell'universo. Siate curiosi. Per quanto difficile possa essere la vita, c'è sempre qualcosa che è possibile fare, e in cui si può riuscire. Quello che conta è non arrendersi

Stephen Hawking

XENOFOBIA: Sentimento di avversione generica e indiscriminata per gli stranieri e per ciò che è straniero, che si manifesta in atteggiamenti e azioni di insofferenza e ostilità verso le usanze, la cultura e gli abitanti stessi di altri paesi, senza peraltro comportare una valutazione positiva della propria cultura, come è invece proprio dell'etnocentrismo.

XENOS: Parola usata nella lingua greca antica da Omero in poi che ha una sfumatura di significato ampio, a significare concetti divergenti come "nemico straniero" così come "amico rituale".

XILOFONO: Strumento musicale (idiofono a percussione) diffuso dalla Melanesia all'Africa, e ritenuto originario dell'Asia sud-orientale; è costituito da una rozza tastiera di tavolette di legno o di bambù di differenti grandezze, che, battute con un martelletto o bastoncino di legno, dànno una serie di note (da due a quattro ottave).

Capitolo 22 - Lettera Z

Cos'è un lascito?
È piantare in un giardino semi che non vedrai mai

Lin-Manuel Miranda - Hamilton the Musical

ZAMPILLARE: Di acqua, e di altri liquidi, uscire con impeto da un'apertura stretta, formando un getto, per lo più sottile, che ricade poi in basso.

ZAMPOGNA: Strumento musicale a fiato di origine e carattere pastorale, consistente in un otre di pelle pieno d'aria nel quale sono inserite alcune canne o pive di legno.

ZANZIBAR: Isola dell'Oceano Indiano (1660 km2 con 719.000 ab. nel 2006), presso la costa dell'Africa centro-orientale, da cui la separa il canale omonimo (largo soli 50 km), politicamente compresa nella Tanzania.

ZELANTE: Eccessiva e pedantesca ostentazione di zelo.

ZIBIBBO: Vitigno del tipo moscato, noto anche con i nomi di moscato di Alessandria, moscato di Spagna, moscatellone e salamanna, coltivato in tutto il Mediterraneo. Anche, e più comunemente, l'uva prodotta da questo vitigno, a chicchi molto grossi, ovali, dolcissimi e particolarmente profumati, usata sia allo stato fresco sia appassita in pasticceria.

ZIGRINATO: Sottoposto a zigrinatura.

ZIMBABWE: Stato dell'Africa australe, di forma quasi circolare, privo di sbocco al mare e compreso tra: la Zambia a Nord, il Mozambico a Nord e a Est, la Repubblica Sudafricana a Sud, il Botswana a Ovest.

ZIZZANIA: Pianta graminacea (Lolium temulentum), che infesta i campi di cereali, particolarmente nota per la parabola evangelica, detta appunto la parabola della zizzania (Matteo 13, 24-30), da cui derivano le frasi fig. seminare, spargere, mettere zizzania, mettere discordia, provocare volutamente e per malignità dissensi e dissapori, liti e contrasti.

ZOMPETTARE: Camminare a piccoli passi, di soppiatto.

ZOTICONE: Incivile, ineducato, ignorante, quindi ruvido, grossolano nel carattere e nei modi.

Ringraziamenti

È giunto il momento di ringraziare, nuovamente.

Ringraziare è un gesto così semplice eppur così poco impiegato, a volte.

Non smetterò mai di ringraziare tutte le persone che hanno fatto sì che questo librizionario prendesse forma ed eventualmente venisse alla luce. Un po' per gioco, per scherzo, per ignoranza, questo è frutto di un grande senso di amicizia, voglia di fare e anche un pizzico di stupidità. Preferisco ringraziare singolarmente tutte le persone che ho in mente, che ho avuto spesso in mente durante questo percorso, una ad una, personalmente.

Inizio col ringraziare Roberto, colui che quest'idea l'ha riposta in testa mia inconsciamente, tanti anni fa, senza un vero senso, ma tra tante discussioni stupide e pronunce particolari di termini forbiti.

Ringrazio Cristina e Rob, che tra le tante occasioni ci siam trovati, di fronte ad una birra, a esprimerci solo con parole bellissime da aggiungere alla mia lista infinita.

Ringrazio anche Giovanni e Daniele che con il loro nonsense spesso mi hanno deliziato con parole stupende e ancestrali.

Ringrazio pure Giuseppe, Giulia, Marta, Fabio, Dino, Seb, Marina, Seby, Valeria, Carlo, Mariachiara, Antonio, Carmelo, che mi hanno pensato un attimo al suono di una bella parola, cercando in modo celere di comunicarmela sapendo il mio grandissimo interesse.

Ringrazio i miei colleghi per il continuo supporto, anche se a volte mi hanno definito pazzo o disagiato, tutto però accompagnato da una grande dose di affetto. Ringrazio inoltre tutte quelle persone che mi hanno aiutato anche solo emotivamente in questo progetto.

Infine, ma non ultima per importanza, Giulia, a cui devo la forma e la formalità di questo librizionario, colei che qualche tempo fa mi contattò dicendomi "Librizionario is coming", annunciando l'ultimo vero countdown all'uscita di questo lavoro; è grazie a lei se tu, caro lettore, sei qui e stai perdendo del tempo utilissimo a leggere queste strane parole, ed è lei che voglio ringraziare particolarmente.

Ancora e per tanto tempo a venire: Grazie.

L'AUTORE

Catania è la citta che nel lontano ma vicino 1998 vide nascere Marco Biondi, che crebbe in uno dei paesini etnei che delimitano la metropoli catanese e la separano dal vulcano attivo più alto della placca euroasiatica, l'Etna.

Con la passione della natura, della tecnologia, della fotografia, delle notizie più strambe, studia alla facoltà di Ingegneria Industriale presso l'Università degli Studi di Catania.

Appassionato inoltre di serie tv, film e cinema, ha passato gran parte della sua vita ad acculturarsi inutilmente con intense e prolungate sessioni di binge watching prima ancora che questo termine venisse coniato. Tempo però non perso perché ha reso possibile, in Marco, un interesse quasi incondizionato verso la lingua inglese e, con la visione di documentari, alla natura e le sue bellezze.

Ultimamente, dall'inizio dell'università, ha intrapreso una carriera da lettore, cercando di porre rimedio a tutti gli anni della sua vita passati a non leggere. Con ciò ha anche cercato di coltivare la sua capacità nel divagare e terminare discorsi, caratteristica non ancora appresa in modo accurato, come dimostra questa scarsa destrezza a concludere testi.

Ritratto autore a cura di Cristina Colombo

www.ingramcontent.com/pod-product-compliance
Lightning Source LLC
Chambersburg PA
CBHW061634250726
48659CB00004B/1214